Benedict Haas

Brauchen private Haushalte ein Risikomanagement für die Nutzung der Digitalen Welt?

Nutzertypen und ihr jeweiliges Risiko

Bibliografische Information der Deutschen Nationalbibliothek:

Die Deutsche Nationalbibliothek verzeichnet diese Publikation in der Deutschen Nationalbibliografie; detaillierte bibliografische Daten sind im Internet über http://dnb.d-nb.de abrufbar.

Impressum:

Copyright © Science Factory 2019

Ein Imprint der Open Publishing GmbH, München

Druck und Bindung: Books on Demand GmbH, Norderstedt, Germany

Covergestaltung: Open Publishing GmbH

Inhaltsverzeichnis

Abbildungsverzeichnis V

Abkürzungsverzeichnis VI

1 Einleitung 1

   1.1 Problemstellung und Zielsetzung 1

   1.2 Gang der Untersuchung 3

2 Grundlegende Erkenntnisse und Theorien 5

   2.1 Entwicklung, Begriffsbildung und Digitalisierungsgrad der Gesellschaft hinsichtlich der (potentiellen) Nutzung der Digitalen Welt privater Haushalte 5

   2.2 Mangelnde Datensouveränität innerhalb der Digitalen Welt unter Berücksichtigung verhaltensökonomischer Erkenntnisse 11

   2.3 Grundlagen des betriebswirtschaftlichen Risikomanagements als mögliches Konzept für private Haushalte zur Risikobewertung ihrer (potentiellen) Nutzung der Digitalen Welt 19

   2.4 Rechtliche Rahmenbedingungen und aktuelles Schutzniveau der Verbraucher innerhalb der Digitalen Welt 24

3 Brauchen private Haushalte ein Risikomanagement für die (potentielle) Nutzung der Digitalen Welt? 27

   3.1 Herleitung und begründete Auswahl der Beurteilungskriterien und -perspektiven 27

   3.2 Perspektive des „Progressiven Anwenders" als versierter Verbraucher, der die Vorteile der Digitalen Welt eigenverantwortlich genießt, aber nicht alle Risiken exakt abschätzen kann 32

   3.3 Perspektive des „Konservativen Gelegenheitsnutzers", der als reflektierter Verbraucher digitale Dienste wohlüberlegt nutzt, wenngleich er die Risiken dahinter kaum nachvollziehen kann 35

   3.4 Perspektive des „Offliners", der als verletzlicher Verbraucher nicht am Digitalen Wandel partizipieren kann und große Sorge bezüglich der Risiken hegt 37

   3.5 Perspektive des Geschäftsführers der Loyalty Partner GmbH, die für den Erfolg von Deutschlands größten Loyalitätsprogramms verantwortlich ist und dessen datenbasiertes Geschäftsmodell auf dem Vertrauen und der Offenheit seiner Kunden aufbaut 39

3.6 Perspektive der Bundesministerin für Justiz und Verbraucherschutz, für die als bundes- und verbraucherpolitische Institution die Bewertung und Steuerung der Risiken in der Digitalen Welt Priorität besitzt 41

3.7 Konfligierende und harmonische Beziehungen der Perspektiven unter Berücksichtigung möglicher Rückkopplungsprozesse 43

4 Schlussbemerkung und Ausblick **59**

Literaturverzeichnis **61**

Verzeichnis verwendeter Gesetzestexte **69**

Abbildungsverzeichnis

Abbildung 1: Digitale Nutzertypen in Deutschland 9

Abbildung 2: Digitale Nutzerprofile in Deutschland 10

Abbildung 3: Die wertvollsten Unternehmen der Welt nach Börsenwert 12

Abbildung 4: Wertbemessung persönlicher Daten 13

Abbildung 5: Konzept des Risikomanagements 23

Abbildung 6: Beurteilungskriterien 29

Abbildung 7: Wertschöpfung datenbasierter Geschäftsmodelle 30

Abbildung 8: Digitale Nutzertypen in Deutschland im Detail 32

Abbildung 9: Analyse der Beurteilungsperspektiven 43

Abkürzungsverzeichnis

Abs.	Absatz
Art.	Artikel
BMAS	Bundesministerium für Arbeit und Soziales
BMI	Bundesministerium des Innern, für Bau und Heimat
BMJV	Bundesministerin für Justiz und Verbraucherforschung
BMWi	Bundesministerium für Wirtschaft und Energie
DIVSI	Deutsches Institut für Vertrauen und Sicherheit im Internet
EU-DSGVO	Europäische Datenschutz-Grundverordnung
EU	Europäische Union
EG	Erwägungsgrund
GG	Grundgesetz
GWB	Gesetz gegen Wettbewerbsbeschränkungen
i.H.v.	in Höhe von
i.S.d	im Sinne der
i.V.m.	in Verbindung mit
u.a.	unter anderem
UWG	Gesetz gegen den unlauteren Wettbewerb
z.T.	zum Teil

1 Einleitung

1.1 Problemstellung und Zielsetzung

Bezahlungen an der Kasse im Vorbeigehen mit dem Smartphone oder die Navigation mithilfe diverser Kartendienste sowie das tägliche Kommunizieren mit den Liebsten über die trendigen und vorherrschenden Instant-Messaging-Dienste - die Digitalisierung hat uns nunmehr alle erfasst.[1] Begriffe wie „Künstliche Intelligenz"[2], „Data Mining"[3] oder „Sharing Economy"[4] sind der breiten Bevölkerung nicht mehr gänzlich unbekannt und auch die zunehmende Vernetzung innerhalb der produzierenden Wirtschaft hat an Bedeutung gewonnen.[5] Daneben sorgt ein immer größer werdender Teil der Bevölkerung für die Vernetzung rund um den Globus. So nutzen in Deutschland knapp 81% der Menschen das Internet und innerhalb der OECD sind Studien zufolge 73% der Verbraucher bereits täglich mit dem Internet verbunden.[6] Die Entwicklungen sind ebenso weltweit zu beobachten, wo es 2017 schätzungsweise 3,5 Milliarden Internetnutzer gab, die für ein tägliches Datenaufkommen von zirka 5 Quintillionen Bytes sorgten.[7] Damit werden heute innerhalb einer Woche mehr Daten generiert als im gesamten letzten Jahrtausend und diese Menge an Daten wird in den kommenden Jahren weiterhin exponentiell steigen.[8] Daher verwundert es kaum, dass (persönliche) Daten an sich, als DER Treiber für den technischen und gesellschaftlichen Fortschritt betrachtet werden, schließlich würde ohne sie die ökonomische Entwicklung durch die Vernetzung der Menschen über Länder- und Marktgrenzen hinweg gewaltig ins Stocken geraten. Gestützt wird diese Bedeutung durch zahlreiche Unternehmen der digitalen Ökonomie, deren Geschäftsmodelle auf Datensammlung und -verarbeitung und damit auf der zunehmenden Verfügbarkeit von Daten und der stetigen Verbesserung ent-

---

[1] Vgl. Oehler 2016b, S. 19; Lehner 2018, S. 13; Jungermann/Slovic 1993, S. 16.
[2] i.S.d. menschlichen Fähigkeiten von Maschinen, Vgl. OECD 2017, S. 12, 25.
[3] i.S.d. automatischen Mustererkennung in großen Datenmenge, Vgl. Jentzsch 2016, S. 645.
[4] i.S.d. privaten Wirtschaft des Teilens (z.B. Airbnb, Uber), Vgl. Bundesministerium für Wirtschaft und Energie 2017, S. 6.
[5] Vgl. Feld et al. 2017, S. 17.
[6] Vgl. Initiative D21 2018, S. 12-13; OECD 2017, S. 160.
[7] Vgl. Theisen 2015, S. 815 ff.
[8] Vgl. OECD 2017, S. 202; Kerber 2016, S. 865; Oehler 2017b, S. 748.

sprechender Analysemöglichkeiten basieren.[9] Durch die steigende Verfügbarkeit von Daten und deren Auswertung und Vermarktung, ändern sich neben den ökonomischen auch die sozialen Dimensionen hinsichtlich der Sicherheit und des Risikos für die Privatsphäre, was die Komplexität dieser Problematik mit Blick auf den Zielkonflikt zwischen wirtschaftlichem Wert und individuellem Risiko auf eine neue Stufe hebt.[10] Die Digitalisierung wird dabei von vielen ebenso als Bedrohung wahrgenommen. Umfragen zufolge sorgen sich die meisten Nutzer dabei primär um einen möglichen Missbrauch ihrer Daten, was gerade erst vor wenigen Monaten durch das Bekanntwerden des Datenskandals bei der US-Wahl 2016 befeuert wurde.[11] Demnach wurden, mithilfe des Diebstahls und der Analyse von Millionen Facebook-Nutzerprofilen, Privatpersonen während des US-Wahlkampfs durch gezielte Informationen oder deren Vorenthaltung beeinflusst.[12] Zuvor war bereits von der Europäischen Kommission eine kartellrechtliche Strafzahlung i.H.v. 2,42 Mrd. EUR gegen den Internetgiganten Google verhängt worden, da das Unternehmen in der Vergangenheit die Trefferlisten der Google-Suche zum eigenen Vorteil manipulierte.[13] Beide Fälle zeigen deutlich, dass auf politischer Ebene immenser Handlungsbedarf besteht und sich die jeweiligen Entscheidungsträger mit den Veränderungen, die die Digitale Welt global möglich macht, dringend auseinandersetzen müssen.[14] Neben der Europäischen Datenschutzgrundverordnung, die seit 25. Mai 2018 gilt und das Datenschutzniveau aller 28 Mitgliedsstaaten angleichen soll, hat die Regierung in Deutschland auch erste Vorhaben bezüglich der Regulierung des Wettbewerbs und der Sicherheit im Cyberraum im Koalitionsvertrag verankert.[15] Ziel von Politik, Wirtschaft und Gesellschaft sollte es sein, die Chancen der Digitalisierung zu nutzen, daneben aber auch die Fragen zur eigenen digitalen Freiheit der Nutzer entsprechend zu beantworten,[16] wie Teile der Bundesregierung treffend formulieren:

---

[9] Vgl. Wagner et al. 2018, S. 3760; CDU/CSU/SPD 2018, S. 46-47; Jöns 2017, S. 10, 30.
[10] Vgl. OECD 2016, S. 2,10,15; OECD 2017, S.12, 247; Eling 2017, S. 2-3.
[11] Vgl. Feld et al. 2017, S. 5; BMWi, BMAS, BMJV 2017, S. 48; Buxmann 2018, S. 18.
[12] Vgl. Wambach 2018, S. 6; Buxmann 2018, S.18.
[13] Vgl. Europäische Kommission 2017; Feld et al. 2017, S. 32 ff.
[14] Vgl. OECD 2017, S. 22.
[15] Vgl. CDU/CSU/SPD 2018, S. 37.
[16] Vgl. BMWi, BMAS, BMJV 2017, S. 11; Oehler 2016b, S. 27.

„Die Digitalisierung prägt bereits heute in hohem Maße die Art, wie wir leben, kommunizieren, arbeiten, wirtschaften und konsumieren – und wird es künftig noch stärker tun. Der Wandel, in dem wir uns befinden, ist kein rein wirtschaftlich-technologischer, sondern ein gesamtgesellschaftlicher Prozess, der auch Fragen von Freiheit und Demokratie berührt."[17]

Aus eben diesen Gründen stellt sich grundsätzlich die Frage, inwieweit private Haushalte ein Risikomanagement für die (potentielle) Nutzung der Digitalen Welt benötigen?

1.2 Gang der Untersuchung

Die vorliegende Arbeit gliedert sich in vier aufeinander aufbauende Kapitel unterschiedlicher Länge, welche sie in Einleitung, Grundlagenteil, Hauptteil und Fazit unterteilt. Innerhalb des ersten Abschnitts der Einleitung wird auf die allgemeine Problematik und Zielsetzung eingegangen und im darauffolgenden zweiten Abschnitt der zielgerichtete Aufbau dieser Arbeit erläutert.

Im zweiten Kapitel folgen die Grundlagen, deren Verständnis dafür Sorge tragen, dass die im weiteren Verlauf der Arbeit dargelegten Analysen zur Beantwortung der ausgehenden Forschungsfrage, grundlegend und eindeutig nachvollzogen werden können. Es wird dabei ein klares Verständnis für die wichtigsten Begrifflichkeiten und Trends der Digitalen Welt geschaffen, um damit in der Folge die Probleme, die innerhalb der Wertschöpfungskette persönlicher Daten auftreten, näher erläutern zu können. Daran anschließend folgt die Schärfung des Risikomanagement-Konzepts, ehe auf Grundlage der bisher erarbeiteten Ergebnisse zum Abschluss des Grundlagenteils der relevante rechtliche Rahmen abgegrenzt wird. Die Erkenntnisse aus Kapitel zwei dienen dem daran anknüpfenden dritten Kapitel als Fundament für eine perspektivengetriebene Diskussion, innerhalb derer die Motive und Interessen der wichtigsten Akteure für die Nutzung der Digitalen Welt dargelegt werden. Hierzu werden zu Beginn sowohl elementare Bewertungskriterien, als auch wichtige Perspektiven aufgeführt und begründet ausgewählt. Infolgedessen werden im zweiten bis sechsten Abschnitt diese Perspektiven entlang der ausgewählten Bewertungskriterien beschrieben und hinsichtlich der ausgehenden Forschungsfrage analysiert. Im letzten Abschnitt des Kapitels werden die Ergebnisse der perspektivengetriebenen Betrachtung gegenübergestellt und die wichtigsten harmonischen und konfligierenden Erkenntnisse sowie Resultate aus der

---

[17] BMWi, BMAS, BMJV 2017, S. 4.

Interaktion der Perspektiven herausgestellt. Innerhalb des abschließenden vierten Kapitels werden die Ergebnisse der vorausgegangenen Kapitel für ein finales Fazit hinsichtlich der Ausgangsfrage zusammengeführt und ein Ausblick auf mögliche Anhaltspunkte weiterer Untersuchungen und zukünftiger Entwicklungen gewagt.

2 Grundlegende Erkenntnisse und Theorien

Die im Folgenden dargestellten wissenschaftlichen Erkenntnisse, Modelle und Erläuterungen werden so detailliert dargelegt, wie es der weitere Gang der Untersuchung erfordert. Für tiefergehende Betrachtungen dient die angegebene Literatur.

2.1 Entwicklung, Begriffsbildung und Digitalisierungsgrad der Gesellschaft hinsichtlich der (potentiellen) Nutzung der Digitalen Welt privater Haushalte

„Digitalisierung" ist wohl der Begriff der Stunde. Nichts verändert und durchdringt unseren Alltag derzeit in so vielfältiger Art und Weise und in so zahlreichen, unterschiedlichen Facetten wie die Umwandlung analoger Informationen in das digitale Format der Daten. Die Menschen arbeiten in der Cloud, pflegen ihre privaten und beruflichen Kontakte über das Internet, lassen sich von datenbasierten Navigationssystemen leiten und kommunizieren vermehrt über Instant-Messaging-Dienste wie beispielsweise WhatsApp.[18] Nach den Angaben aus dem 4. Quartalsbericht 2017 verzeichnet der Dienst mittlerweile schon 1,5 Milliarden monatliche Nutzer, die für rund 60 Milliarden Nachrichten täglich sorgen.[19] Veränderungen in unserem Verhalten lassen sich zudem durch die Nutzung digitaler Sprachassistenten beobachten, die uns im Alltag mit Informationen versorgen und über die der einzelne Verbraucher zusätzlich Zugang zu fast allen Produkten und Dienstleistungen aus seinem alltäglichen Leben erhält und diese wie von selbst bestellen und in Anspruch nehmen kann. Des Weiteren sorgt die Digitalisierungswelle für eine zunehmende Vernetzung von Analoger und Digitaler Welt bzw. die Vernetzung von Menschen und ihren Geräten.[20] Demnach waren 2015 bereits 20 Milliarden Geräte über das Internet miteinander verbunden und bis 2030 könnte diese Zahl auf eine halbe Billion steigen.[21] Man erkennt schnell, dass die Erfassung persönlicher Daten mittlerweile allgegenwärtig zu sein scheint, schließlich werden diese bei nahezu allen Aktivitäten auf unterschiedlichste Art und Weise gespeichert, verarbeitet und entsprechend verwertet.[22] Daher verwundert es kaum, dass vor allem aufgrund der

---

[18] Vgl. Barley 2018, S. 3; Oehler 2015, S. 817.
[19] Vgl. Facebook Inc. 2018b, S. 4; Facebook Inc. 2018a, S. 34.
[20] Vgl. Barley 2018, S. 3; Feld et al. 2017, S. 7; Oehler 2015, S.817.
[21] Vgl. Bundesministerium für Wirtschaft und Energie 2015, S. 5.
[22] Vgl. Palmetshofer/Semsrott/Alberts 2017, S. 3; Dewenter/Lüth 2016, S. 648.

verbesserten Analysemöglichkeiten durch „Big Data"[23] nahezu alle Unternehmen die Digitalisierung als Chance zur eigenen Wertsteigerung verstehen.[24] Bereits seit einigen Jahren befinden sich datengetriebene Geschäftsmodelle auf dem Vormarsch, so dass beispielsweise auch traditionsreiche Unternehmen Analyse-Abteilungen entstehen lassen und neue Geschäftsmodelle kreieren, die auf Datenerhebung, -verarbeitung, -analyse und -handel basieren.[25] Auf Verbraucherseite begegnet man der allgemeinen Entwicklung grundsätzlich ebenso optimistisch und mit der Erkenntnis, dass neben der ökonomischen,

zudem die soziale und kulturelle Entwicklung durch die Digitale Welt vorangetrieben wird.[26]

Der Begriff **„Digitale Welt"** beschreibt hierbei eben nicht nur das Internet, sondern vielmehr den gesamten, dargestellten Digitalisierungsprozess in Wirtschaft und Gesellschaft, wovon das Internet lediglich einen - wenn auch wichtigen - Teilaspekt einnimmt.[27] (Positive) Entwicklungen im Vergleich zur traditionellen analogen Welt ergeben sich im Besonderen mit Blick auf die Dimensionen Zeit und Geschwindigkeit, Reichweite und Menge, Unumkehrbarkeit und Speicherbarkeit sowie den verbundenen Transaktionskosten bei Informationspreisgabe und -verarbeitung anhand von Daten. Die technische Ausrüstung und das entsprechende Knowhow vorausgesetzt, resultieren die Vorteile hierbei hauptsächlich aus der preiswerten Kommunikation und Produktion.[28] Der Zugang zur Digitalen Welt wird also immer wichtiger, was bereits 2013 durch ein Urteil des Bundesgerichtshofs verdeutlicht wurde, indem die Nutzbarkeit des Internets im privaten Bereich als ein zentrales Wirtschaftsgut bezeichnet wurde, dessen Verfügbarkeit gewährleistet sein muss.[29] Da innerhalb der beschriebenen Digitalen Welt die Geschäftsmodelle, die auf Datensammlung, -verarbeitung, -analyse und -handel beruhen, das Rückgrat der Ökonomie bilden, werden als Treiber für Innovationen und als kritische Ressource für die Wettbewerbsfähigkeit einzelner Unternehmen bzw. ganzer

---

[23] i.S.d. Analyse umfangreicher Datenmengen durch Algorithmen, Vgl. Jöns 2017.
[24] Vgl. Lehner 2018, S. 13.
[25] Vgl. Kretschmer 2018, S. 459; Jöns 2017, S. 10, 30; KPMG 2017, S. 8.
[26] Vgl. OECD 2017, S. 23.
[27] Vgl. Micklitz/Oehler 2006, S. 2.
[28] Vgl. Oehler 2016b, S. 27.
[29] Vgl. Bundesgerichtshof 2013.

Nationen vor allem die persönlichen Daten betrachtet.[30] Hierbei gilt es zu berücksichtigen, dass Daten in diesem Zusammenhang nicht als Währung, sondern vielmehr als eine Art Tauschwert im Sinne eines Gegenwerts in der jeweiligen Währung anzusehen sind, da sie oftmals bei der Nutzung angebotener Dienste freigegeben werden.[31] Für den weiteren Verlauf dieser Arbeit folgen wir hinsichtlich des Begriffsverständnisses der **„persönlichen Daten"** der Legaldefinition[32] aus der EU-DSGVO und verstehen darunter *„alle Informationen, die sich auf eine identifizierte oder identifizierbare natürliche Person (...) beziehen."*[33] Persönliche Daten werden innerhalb der Digitalen Welt vermehrt durch die Nutzung von datenbasierten Diensten auf Seiten der privaten Haushalte bzw. Verbraucher generiert. Diese **„Privaten Haushalte"** werden gebildet von der Gesamtheit an Personen, die zusammenwohnen und ihren Lebensunterhalt in der Regel gemeinsam finanzieren. Zudem gelten Personen, die in einem Haushalt für sich selbst wirtschaften als eigenständige Privathaushalte und werden im weiteren Sinne unter diesen Begriff subsumiert.[34] Als Teil der Verbraucher, sehen sich private Haushalte verschiedenen Rollen gegenüber wie z.B. der als Bürger, Beschäftigte oder Selbständige. Dabei wirken sie in ihrer wirtschaftlichen Funktion durch das Verbrauchen von Gütern und Dienstleistungen sowie als individuelle (Wirtschafts-) Subjekte, die neben der Verbrauchsfunktion auch Produktions- und Distributionsfunktionen übernehmen können.[35]

Zur empirischen Analyse und Bewertung der Durchdringung der Digitalisierung in den Alltag der Bevölkerung lassen sich zahlreiche Studien und Untersuchungen anstellen. Als bedeutender Index für die digitale Wirtschaft und Gesellschaft eines Landes untersucht und vergleicht beispielsweise der „DESI-Report" der Europäischen Kommission die Digitalisierungsfortschritte aller 28 Mitgliedsstaaten der EU in den Kategorien „Konnektivität", „Humankapital", „Internetnutzung", „Integration der Digitaltechnik" und „Digitale öffentliche Dienste".[36] In der Gesamtbetrachtung

---

[30] Vgl. OECD 2017, S. 197; Wagner et al. 2018, S. 3760; Lange/Stahl/Vossen 2016, S. 2; Haucap 2018, S. 472; Jöns 2017, S. 10; Kerber 2016, S. 856; KPMG 2017, S. 8; CDU/CSU/SPD 2018, S. 46.
[31] Vgl. Oehler 2016a, S. 830.
[32] i.S.d Definition per Begriffsbestimmung im Gesetz.
[33] Datenschutz-Grundverordnung 2016, Art. 4 Abs. 1 Satz 1.
[34] Vgl. Statistisches Bundesamt 2016, S. 7.
[35] Kenning 2017, S. 5.
[36] Europäische Kommission 2018, S. 1.

belegt Deutschland dabei Platz 14 und gehört damit zur Ländergruppe im mittleren Bereich. Vor allem die digitale Kluft zwischen Stadt und Land hinsichtlich der Versorgung mit schnellem Internet sowie die schlechte Online-Interaktion zwischen Behörden und Bürgern wird hierbei angemahnt. Positiv herauszustellen sind dagegen die Quote der Internetnutzer (deutlich über 80%) sowie die digitalen Kompetenzen, die die Verbraucher besitzen, wobei es hier zu berücksichtigen gilt, dass lediglich digitale Grundkompetenzen abgefragt wurden.[37] Um diesbezüglich weitere Fortschritte erzielen zu können, konnte die Bundesregierung im aktuellen Koalitionsvertrag u.a. die Schaffung eines digitalen Bürgerportals für Verwaltungsdienstleistungen sowie die Investition in das „Digitalpaket Schule" i.H.v. fünf Milliarden Euro verankern.[38] In gleichem Maße zu beachten gelten ferner die Untersuchungsergebnisse der Initiative D21, die unter der Förderung des BMWi, jährlich einen Index zum Lagebild der digitalen Gesellschaft in Deutschland bemisst und dabei aktuelle Entwicklungen und Fortschritte in den vier Kategorien „Zugang", „Nutzung", „Kompetenz" und „Offenheit" identifiziert.[39] Den Ergebnissen nach kommt es in der Gesamtbetrachtung zu einer leichten Steigerung auf 53 von 100 Indexpunkten, nach Berücksichtigung der unterschiedlich gewichteten Kategorien.[40] So konnte im Bereich „Zugang", der die Geräteausstattung und die Internetnutzung misst, eine leichte Verbesserung auf 66 Indexpunkte festgestellt werden, wobei darauf zu verweisen ist, dass ganze 19% der Bevölkerung, meist ältere Personen, keinen Zugang zum Internet besitzen bzw. diesen verweigern. Im Bereich der „Nutzung" wurde mit 40 Indexpunkten gar ein leichter Rückgang hinsichtlich der Anzahl von Anwendungen und der Nutzungsdauer festgestellt.[41] Dagegen konnten die Bereiche „Kompetenz" und „Offenheit" im Vergleich zum Vorjahr um jeweils drei Punkte auf 47 bzw. 53 Indexpunkte zulegen. Hinsichtlich der Kompetenz vor allem durch ein gestiegenes Fachwissen und einer verbesserten „technischen Kompetenz", im Bereich „Offenheit" hingegen zum einen durch die gestiegene Bedeutung des Internets im Allgemeinen, zum anderen durch das ausgeprägte Verlangen nach Bildung im Bereich der digitalen Kompetenzen.[42] Des Weiteren konnten mithilfe der Studienergebnisse sieben typische Nutzerprofile der

---

[37] Vgl. Europäische Kommission 2018, S. 2.
[38] Vgl. Schmechel 2016, S. 12; Europäische Kommission 2018, S. 5.
[39] Vgl. Initiative D21 2018, S. 7.
[40] Zugang 30%, Nutzung 10%, Kompetenz 40%, Offenheit 20%; Vgl. Initiative D21 2018, S. 28.
[41] Vgl. Initiative D21 2018, S. 11-15 & 16-20.
[42] Vgl. Initiative D21 2018, S. 21-25 & 26-27.

Digitalen Welt herausgearbeitet und charakterisiert werden, die sich wie in **Abbildungen 1 und 2** abgebildet, darstellen. Unter den knapp 16 Millionen „Digital Abseitsstehenden" sammeln sich neben den „Offlinern" auch die bezeichneten „Minimal Onliner", die im Vergleich beispielsweise bereits ein Smartphone besitzen. Die Kategorie der 26 Millionen „Digital Mithaltenden" vereint „Konservative Gelegenheitsnutzer", für die das Internet vor allem zur Informationssuche dient, und die „Vorsichtigen Pragmatiker", die den neuen Technologien noch etwas offener gegenüberstehen.[43]

Digitale Nutzerprofile in Deutschland

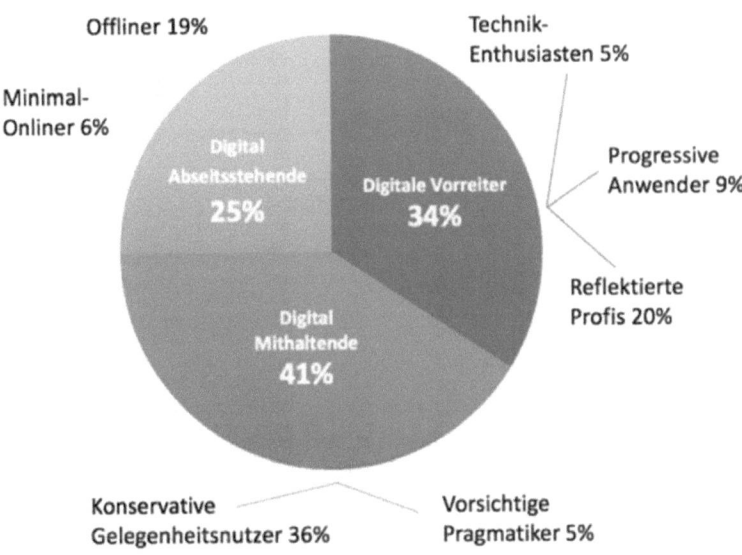

Abbildung 1: Digitale Nutzertypen in Deutschland
Eigene Darstellung, nach: Initiative D21 2018, S. 32 ff

---

[43] Vgl. Initiative D21 2018, S. 32-33.

Digitale Nutzertypen in Deutschland

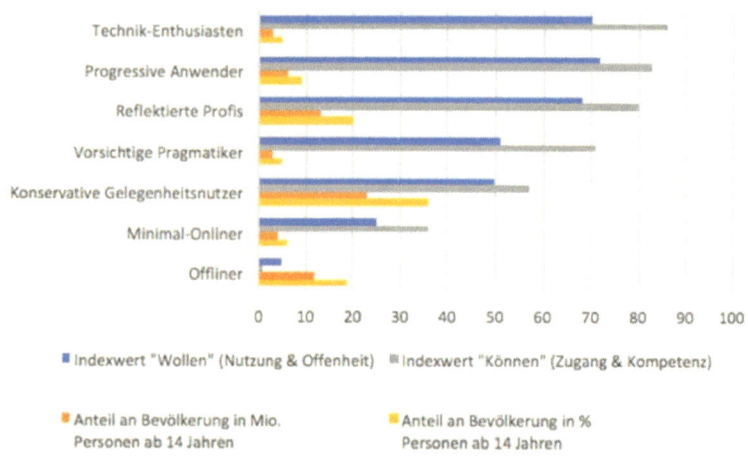

Abbildung 2: Digitale Nutzerprofile in Deutschland
Eigene Darstellung, nach: Initiative D21 2018, S. 32 ff.

In der digital-affinsten Kategorie werden von den „Reflektierten Profis" über die „Progressiven Anwender" bis hin zu den wahren „Technik-Enthusiasten" zirka 22 Millionen „Digitale Vorreiter" gezählt, die sich als begeisterte Internetnutzer und digitale Visionäre verstehen.[44]

Trotz oder gerade aufgrund der positiven Entwicklung im Umgang mit datenbasierten Diensten und dem offeneren Verhalten der Nutzer innerhalb der Digitalen Welt, bleibt die Frage, inwiefern sich Nutzer etwaigen Risiken aussetzen und ihre Kompetenzen zur richtigen Einschätzung ihrer Situation denn überhaupt ausreichen - vor allem unter Hinzunahme der Erkenntnisse, dass 32% der Befragten angeben von der Komplexität und Dynamik der Digitalisierung überfordert zu sein und u.a. aus diesem Grund auf die Angabe ihrer persönlichen Daten eigentlich verzichten möchten und bezweifeln, dass im Netz Datensicherheit möglich sein kann.[45]

---

[44] Vgl. Initiative D21 2018, S. 32-33.
[45] Vgl. Initiative D21 2018, S. 27; Vgl. DIVSI 2016, S. 12.

2.2 Mangelnde Datensouveränität innerhalb der Digitalen Welt unter Berücksichtigung verhaltensökonomischer Erkenntnisse

Anhand der dargestellten Entwicklungen stellt sich zunächst die Frage, was mit den immensen Datenmengen überhaupt passiert und wo genau auf Verbraucherseite mögliche Probleme auftreten könnten. Vergegenwärtigt man sich hierzu die bedeutenden Eigenschaften von persönlichen Daten, wird die Diskrepanz deutlich. Als grundlegender Inputfaktor für die Informationsgewinnung weisen sie zunächst einmal eine extrem heterogene Charakteristik auf. Demnach sind Daten je nach Form, Herkunft oder Inhalt für verschiedenste Verwendungen geeignet und unterscheiden sich immens.[46] Außerdem zeichnen sie sich durch die Eigenschaft der „Nicht-Rivalität" aus, was bedeutet, dass sie beliebig oft wiederverwendet oder auch gleichzeitig genutzt werden können, was eine kaum vorhandene Kapazitätsgrenze darstellt, da sie im klassischen Sinne eben nicht „verbraucht" werden. Hinzu kommt die daraus resultierende „Nicht-Exklusivität" im Verständnis, dass Unternehmen zwar prinzipiell von der Nutzung der Daten ausgeschlossen werden könnten, in der Realität aber Nutzerdaten den unterschiedlichsten Unternehmen zur Verfügung gestellt werden und von diesen somit teilweise identische Daten parallel genutzt werden können.[47] Die Annahme, dass Daten aufgrund dieser Eigenschaften verbunden mit ihrer Preisgabe durch die Verbraucher einen monetären Wert im wirtschaftlichen Kontext darstellen, wird allein mit Blick auf die nach Marktwert gemessenen, wertvollsten Unternehmen der Welt gefestigt, wie **Abbildung 3** darstellt.

---

[46] Vgl. Haucap 2018, S. 472; Jöns 2017, S. 10.Lange/Stahl/Vossen 2016, S. 2; Dewenter 2018, S. 9; Dewenter/Lüth 2016, S. 649.
[47] Vgl. Dewenter 2018, S. 9; Krämer 2016, S. 24; Dewenter/Lüth 2016, S. 649.

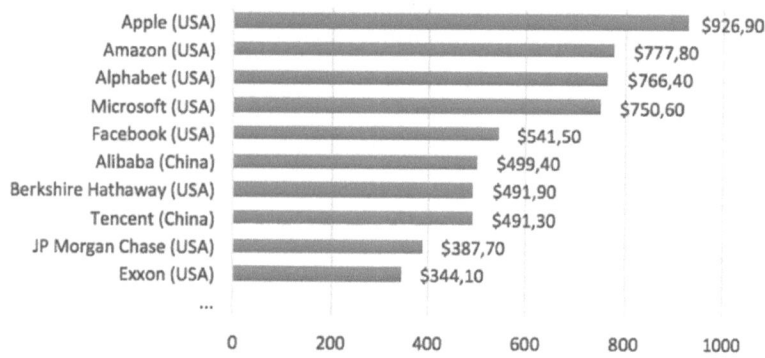

Abbildung 3: Die wertvollsten Unternehmen der Welt nach Börsenwert
Eigene Darstellung, nach: Forbes Magazine 2018.

Angeführt wird diese Aufstellung von Unternehmen deren Geschäftsmodell größtenteils auf der Sammlung, Verarbeitung, Zusammenführung, Analyse und Weitergabe von persönlichen Daten basiert, was aus ökonomischer Perspektive nur entgeltlich funktionieren kann, wenn auch eine eindeutige Wertzumessung auf den ersten Blick schwierig erscheint.[48] Unternehmen wie Apple, Amazon, Googles Mutterkonzern Alphabet, Alibaba oder Facebook generieren ihren Umsatz größtenteils mit der Verwertung von Nutzerdaten durch ihre scheinbar kostenlosen Dienste und machen damit ein Milliardengeschäft. So konnte beispielsweise Facebook laut Jahresbericht 2017 einen Umsatz i.H.v. 40,65 Milliarden US-Dollar, bei einem Nettoeinkommen i.H.v. 15,93 Milliarden US-Dollar, erreichen, wovon knapp 98% durch die individualisierte Anzeige von Werbung bei den insgesamt rund 1,4 Milliarden täglichen Nutzern[49] erzielt wurde.[50]

Aus Marktsicht ergeben sich, wie in **Abbildung 4** dargestellt, neben der Bewertung anhand der Marktkapitalisierung, Umsätze oder Erlöse pro Datensatz, alternativ die Möglichkeiten der Bewertung mithilfe drohender Strafzahlungen bei Daten-

---

[48] Vgl. Bründl/Matt/Hess 2015, S. 10-11; Kretschmer 2018; Eling 2017, S. 1; Oehler/Horn/Wendt 2016, S. 23 ff.; Hosseini/Schmidt 2018, S. 16; Oehler 2016a, S. 830.
[49] Nutzer von Instagram, WhatsApp und Oculus exkludiert, Vgl. Facebook 2018a, S. 35.
[50] Vgl. Facebook 2018a, S. 9&32; Eling 2017, S. 4, 128-129; Buxmann 2015, S. 810.

schutzverstößen oder die Berücksichtigung der (Schwarz-) Marktpreise.[51] Als weitere Methode dient die Bewertung von Unternehmenszukäufen, deren Geschäftsmodelle datenbasiert sind. Im Februar 2014 konnte Facebook z.B. für 19 Milliarden US-Dollar das Unternehmen WhatsApp, mitsamt den Daten der damals 450 Millionen Nutzer, übernehmen, was eine am Kaufpreis gemessene Bewertung i.H.v. 42,22 US-Dollar pro Datensatz ergab.[52] Als Indiz für den gestiegenen Wert von persönlichen Daten könnte in diesem Fall der Kauf des Online-Karrierenetzwerks LinkedIn durch Microsoft 16 Monate später dienen, bei dem ein Datensatz mit rund 53,58 US-Dollar bewertet wurde.[53]

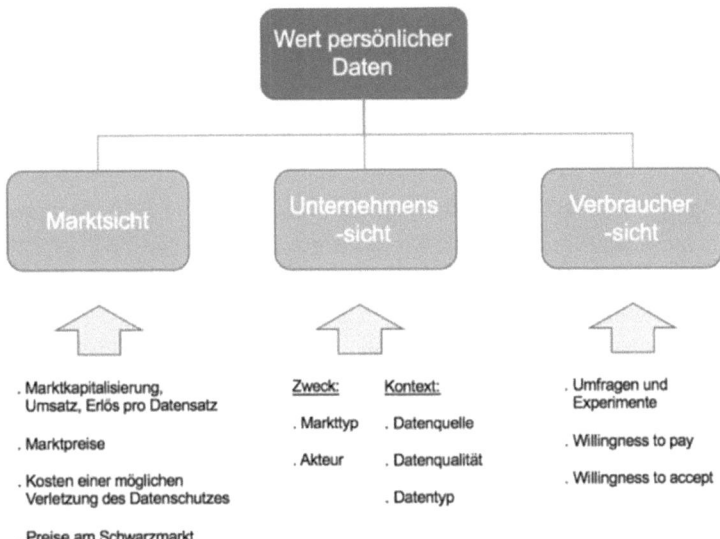

Abbildung 4: Wertbemessung persönlicher Daten
Eigene Darstellung, nach: Bründl/Matt/Hess 2015, S. 11; OECD 2013, S. 19.

Aus Sicht der Unternehmen mit datenbasierten Geschäftsmodellen ist zum einen der Zweck der Datenverwendung in Form des vorliegenden Markttyps und des Akteurs von Bedeutung, wie in **Abbildung 4** abgebildet. Zum anderen muss auch der

---

[51] Vgl. Jentzsch 2014, S. 793.
[52] Vgl. Tagesschau 2014.
[53] Vgl. Microsoft 2016; Sordello 2016.

Kontext der Datenerhebung berücksichtigt werden.⁵⁴ Als Datenquelle dienen z.b. Registrierungen durch die die Verbraucher Daten zur Verfügung stellen, Beobachtungen durch die Unternehmen (z.b. bei Tracking-Daten) oder auch die Analyse weiterer, vorhandener Datenmengen, die dem Unternehmen vorliegen. Daneben bilden die Aktualität, Menge, Verwendbarkeit und die Granularität der Daten entscheidende Faktoren, die sich auf die Datenqualität und damit auf die Wertzumessung auswirken. Zudem kann sich der Datentyp in Form von Nutzungsdaten (z.b. Postings, Tweets), soziodemografischen Daten (z.b. Geburtsdatum, Beruf) oder Bewegungsdaten (z.b. Aufenthaltsort) je nach Betrachtungszusammenhang positiv auf die Wertzumessung auswirken. Bei den bisherigen Betrachtungen sollte allerdings berücksichtig werden, dass Verbraucher sich bei der Preisgabe persönlicher Daten (z.b. Menge, Granularität, etc.) höchst unterschiedlich verhalten können und dadurch in den Bewertungsmodellen teilweise methodische Verzerrungen zu beachten sind, da sich z.T. die Granularität der Datenpreisgabe unterscheidet.⁵⁵

Aus Verbrauchersicht dienen vor allem Umfragen und Experimente zum Thema Kauf- und Verkaufsbereitschaft von Daten deren monetärer Bewertung, wobei sich dabei allerdings einige Schwierigkeiten ergeben. Der Ursprung liegt wohl in der Annahme, dass für eine korrekte Bewertung seiner Daten, der befragte Nutzer im Prinzip dem Ebenbild des neoklassischen Idealbilds des Homo Oeconomicus' entsprechen müsste, wonach er unter vollständiger Information entsprechend rational und mit einer eindeutigen und widerspruchsfreien Präferenzordnung entscheiden müsste, um unter vollständiger Selbstkontrolle hinsichtlich seines kurz- und langfristigen Eigeninteresses die Situation korrekt bewerten zu können.⁵⁶ Dass sich das Verbraucherbild in der Realität differenzierter darstellt, wird unter anderem durch zahlreiche Experimente und Studien hinsichtlich der Kauf- und Verkaufsbereitschaft von persönlichen Daten durch private Haushalte offensichtlich. Bei der Auswertung von Befragungen hinsichtlich der Bereitschaft von Nutzern für den Schutz ihrer persönlichen Daten zu bezahlen („willingness to pay") und ihrer Bereitschaft ihre persönlichen Daten bzw. die Nutzungsrechte an diesen zu veräußern („willingness to accept"), kommt es regelmäßig zu unterschiedlichen Angaben, obwohl der Preis für ein und dasselbe Gut nachgefragt wird, sich lediglich die

---

54 Vgl. Palmetshofer/Semsrott/Alberts 2017, S. 16; Bründl/Matt/Hess 2015, S.11.
55 Vgl. Bründl/Matt/Hess 2015, S. 7, 10-12; Eling 2017, S. 2, 6; Palmetshofer/Semsrott/Alberts 2017, S. 5-8; OECD 2013, S. 8; Kerber 2016, S. 856; OECD 2017, S. 265.
56 Vgl. Oehler 2013, S. 45-46; Enste et al. 2016, S. 5-8; Ruckriegel 2009, S. 49-51.

Fragestellung unterscheidet.⁵⁷ Diese Ergebnisse lassen sich durch weitere kognitive Verzerrungen erklären, die der Verhaltensökonomik und der Neuen Institutionenökonomik entspringen. Bereits Kahneman und Tversky (1976) untersuchten das menschliche Entscheidungsverhalten in Risikosituationen und zeigten, dass sich Individuen in Risikoentscheidungssituationen mit sicheren Gewinnen eher risikoavers, in Risikoentscheidungssituationen mit sicheren Verlusten, risikofreudig verhalten. Zudem wurden die resultierenden Situationsveränderungen nicht absolut, sondern in Abhängigkeit eines Referenzwertes bemessen und Verluste dabei als stärker empfunden als Gewinne.⁵⁸ Dieses Verhalten findet sich auch in dem von Thaler (1980) untersuchten „Endowment-Effekt" wieder, womit sich der Unterschied zwischen Verkaufs- und Kaufbereitschaft eines Gutes erklären lässt. Demnach kommt es zu einer erhöhten Wertzumessung eines Gutes, wenn man dieses besitzt, als wenn man es nicht besitzt.⁵⁹ Ein weiteres Beispiel der verzerrten Einschätzung bei der Wertbemessung persönlicher Daten durch den Verbraucher beschreibt das „Privacy-Paradoxon", wonach Individuen ihre Privatsphäre langfristig aufgeben, um eher kurzfristige Vorteile zu erlangen.⁶⁰ So akzeptieren beispielsweise viele Nutzer die Sammlung ihrer persönlichen Daten bei der Nutzung datenbasierter Dienste, obwohl dieses Verhalten ihren persönlichen Einstellungen im Grundsatz widerspricht.⁶¹ Zu beobachten war dies vor einiger Zeit bei der Übernahme von WhatsApp durch Facebook. Trotz der teils heftigen Diskussionen bezüglich der Verwendung dieser Nutzerdaten durch Facebook, gab es verhältnismäßig wenige Verbraucher, die zum alternativen und als datensicherer geltenden Dienst Threema wechselten.⁶² Ein Grund hierfür liegt unter anderem in der systematischen Neigung von Menschen, eher Informationen preiszugeben, wenn sie beobachten können, dass andere dies auch tun („Herdenverhalten") und sich außerdem der Nutzen dadurch erhöht, dass Bekannte und Freunde bestimmte Dienste nutzen und sich daher „Netzwerkeffekte" einstellen.⁶³ Nimmt man diese Erkennt-

---

[57] Vgl. Acquisti/Grossklags 2007, S. 8 ff.; Wagner et al. 2018, S. 3760 & 3767; Oehler 2016a, S. 1 ff.; Palmetshofer/Semsrott/Alberts 2017, S. 13; Bründl/Matt/Hess 2015, S. 11-13.
[58] Vgl. Kahneman/Tversky 1976, S. 263; Enste et al. 2016, S. 13.
[59] Vgl. Thaler 1980, S. 39 ff.; Acquisti/Grossklags 2007, S. 3; Oehler 2002, S. 857.
[60] Vgl. Acquisti/Grossklags 2005, S. 26.
[61] Vgl. Acquisti/John/Loewenstein 2013, S. 249; Spiekermann/Grossklags/Berendt 2001.
[62] Vgl. Buxmann 2018, S. 19.
[63] Vgl. Acquisti et al. 2015, S. 511; Acquisti/Gross 2006, S. 53; Acquisti/John/Loewenstein 2012; Engels/Grunewald 2017, S. 2.

nisse zur Hand, scheinen Verbraucher den Wert ihrer Daten eher durch ihr Verhalten im Umgang mit derlei Informationen auszudrücken, welches allerdings, wie dargelegt, kognitiven Verzerrungen unterliegt und damit zu Bewertungsfehlern führen dürfte.[64] Insgesamt betrachtet haben persönliche Daten also unbestritten einen gewissen wirtschaftlichen Wert, eine konsistente und allgemeingültige monetäre Bewertung mit den bisher bekannten Methoden scheint aber nicht möglich.

Ein weiterer wichtiger Aspekt, der neben der „korrekten" Wertbemessung zur Datensouveränität auf Verbraucherseite beizutragen scheint, ist die Verfügungsgewalt über die eigenen Daten. Innerhalb der gesamten Wertschöpfungskette hinsichtlich der Verwertung von persönlichen Daten ist nach Preisgabe der Daten bisher nicht geklärt wem die Daten wie lange gehören. Das Verfügungsrecht über Daten ist jedoch wichtig, will man den wirtschaftlichen Wert der Daten ausschöpfen.[65] Bereits Alchian und Demsetz (1967) hielten in ihrer „Property-Rights-Theory" fest, dass sich der Wert eines Gutes aus seinen physischen Eigenschaften und der Verfügungsmacht über dieses Gut zusammensetzt. Demnach setzt dieses sich aus der Nutzung, Änderung, Gewinnaneignung aus Vermietung oder Verkauf des Gutes und dem möglichen Ausschluss Dritter zusammen.[66] Außerdem sinkt der Wert eines Gutes je mehr die Verfügungsgewalt darüber beschränkt oder mit anderen Eigentümern geteilt wird.[67] Da persönliche Daten keine rivalisierenden Güter darstellen und dadurch nach Benutzung ihren Wert beibehalten oder diesen teilweise erst durch Weiterverarbeitung und Verknüpfung erreichen, erhält diese Problematik besondere Brisanz.[68] Es bleibt zu klären wer ein Recht auf die Verarbeitung der persönlichen Daten besitzt und bis zu welchem Ausmaß Unternehmen gestattet sein soll mit persönlichen Daten zu handeln. Beim möglichen, vernetzten und datensammelnden „Smart Car" wäre beispielsweise zu klären, ob der Fahrzeughersteller, der Eigentümer selbst, der Fahrer oder eben auch die Werkstätten, Zulieferer und Unternehmen aus der Unterhaltungsindustrie die Verfügungsmacht über die Daten bekommen sollten. Da es aktuell noch kein wirkliches Eigentumsrecht an Daten gibt, würde demnach nur das Faktische über die Verwertung entscheiden.

---

[64] Vgl. Eling 2017, S. 195 ff.
[65] Vgl. Palmetshofer/Semsrott/Alberts 2017, S. 20 ff.; Acquisti/John/Loewenstein 2013; Jöns 2017, S. 66.
[66] Vgl. Demsetz 1967, S. 347 ff.; Alchian/Demsetz 1972, S. 783.
[67] Vgl. Alchian/Demsetz 1972, S. 783; Welge/Eulerich 2014, S. 10.
[68] Vgl. Palmetshofer/Semsrott/Alberts 2017, S. 20 ff.; Acquisti/John/Loewenstein 2013.

Gelangt man in den Besitz der Daten, kann man sie demnach nutzen und anderen vorenthalten.[69] Die Bundesregierung hat bereits im Koalitionsvertrag vom März dieses Jahres in Aussicht gestellt die Frage der Ausgestaltung des Eigentumsrechts an Daten zeitnah beantworten zu wollen.[70] Einige Experten sehen die Möglichkeit der Lizensierung als gegeben. Dann könnte für die Nutzung persönlicher Daten, ähnlich wie in der Musikindustrie, eine Art Lizenzgebühr verlangt werden.[71] Dies wäre ganz im Sinne der Verbraucher, die zwar mittlerweile verstanden haben, dass sie in der Digitalen Welt oftmals mit ihren Daten „bezahlen", aber primär gar nicht daran interessiert zu sein scheinen an welchen Daten ein Eigentumsrecht besteht und an welchen nicht, sondern vielmehr an der Frage wie sie zukünftig am ökonomischen Wert ihrer Daten teilhaben können.[72]

Die Vermarktung persönlicher Daten ist aktuell bereits in vollem Gange, wobei die Selbstbestimmung der Nutzer weiter in den Mittelpunkt rücken sollte. Durch die Ansammlung von großen Datenmengen im Netz bieten sich schon seit Jahren vielfältige Geschäftsmöglichkeiten für Anbieter das Verhalten ihrer Nutzer zu analysieren, Profilbildung zu betreiben oder Vorhersagen bezüglich des zukünftigen Kaufverhaltens zu treffen.[73] Des Weiteren können die Unternehmen durch personalisierte Werbung und Produkte Effizienz- und Transaktionskostenvorteile realisieren sowie durch die Datenanalyse ihrer Kunden auf die Verbesserung ihrer Dienstleistungen und Produkte hinwirken.[74] Außerdem profitieren Anbieter- und Nutzerseite beispielsweise von einer effizienteren Preisgestaltung, die durch Informationen zum Konsumverhalten realisiert werden kann.[75] Neben diesen Geschäftsmodellen, von denen der Endverbraucher direkt profitiert, gibt es für die Besitzer von persönlichen Daten weitere Alternativen, diese entsprechend zu verwerten. Einerseits können bestimmte Dienste nach Preisgabe persönlicher Daten meist kostenfrei genutzt werden (z.B. durch Bestätigung der angezeigten AGBs) oder die Verbraucher profitieren indirekt durch eine Preisreduktion beim Kauf eines be-

---

[69] Vgl. Kerber 2016, S. 863; Jöns 2017, S. 53.
[70] Vgl. CDU/CSU/SPD 2018, S. 129.
[71] Vgl. Palmetshofer/Semsrott/Alberts 2017, S. 20 ff.; Kerber 2016, S. 865; Oehler 2016a, S. 831; Jöns 2017, S. 12.
[72] Vgl. Oehler/Horn 2018, S. 469-470; Oehler 2016a, S. 830.
[73] Vgl. Kosinski/Stillwell/Graepel 2013.
[74] Vgl. Dewenter/Lüth 2016, S. 648-649.
[75] Vgl. Dewenter/Lüth 2016, S. 648-649.

stimmten Gutes (z.B. bei Rabattierungsprogrammen wie Payback). Bei diesem „Handel gegen Service" nehmen die privaten Haushalte eine passive Rolle ein.[76] Der direkte Handel mit persönlichen Daten „gegen Entgelt" ist bisher zwar noch nicht weit verbreitet, dennoch wäre es bereits heute möglich, dass die Verbraucher ihre Daten direkt monetär vermarkten könnten, was zu einer höheren Transparenz und einem umfangreicheren Angebot führen könnte.[77] Am Anfang der Entwicklung befindet sich noch die „Datenspende", bei der die Nutzer beispielsweise ihre Bewegungs- oder Gesundheitsdaten für Forschungszwecke kostenlos weitergeben können.[78] Allgemein bleibt aber auch bei diesen Vermarktungsmodellen zu beachten, dass durch die Preis- bzw. Weitergabe von Daten selbst dann Interessenskonflikte entstehen, wenn die Verbraucher im ersten Augenblick einen Gegenwert dafür erhalten. Im Sinne der Prinzipal-Agenten-Theorie von Jensen und Meckling (1976) wird bei der nachgelagerten Datenverwendung der Unternehmen durch vorliegende Informationsasymmetrien, unterschiedlichen Risikobereitschaften und nicht zuletzt durch egoistisches Verhalten, eine suboptimale Nutzenallokation erreicht, da den privaten Haushalten schlichtweg das Wissen über das Ausmaß der möglichen Datenverwertung und der Auswertungsverfahren fehlt und dies zu ihrem Nachteil ausgenutzt wird. Zudem bliebe eine zukünftig, eventuell bessere Nutzung jetzt vorliegender Daten, durch z.B. bis dahin verbesserte oder neue Analysemöglichkeiten, wie wir sie aktuell durch die „Künstliche Intelligenz" vermuten, im aktuellen Preis unberücksichtigt.[79]

Vergegenwärtigt man sich an dieser Stelle nochmals die beschriebene Entwicklung hinsichtlich der gestiegenen digitalen Kommunikation und Nutzung digitaler Dienste und die damit einhergehende exorbitante Steigerung der Datenmengen, scheint es für den Verbraucher kaum nachvollziehbar was mit seinen Daten in der durchdigitalisierten Welt geschieht und somit auch nur beschränkt möglich am Wert seiner Daten zu partizipieren.[80]

---

[76] Vgl. Jöns 2017, S. 37; Oehler 2016a, S. 830; Palmetshofer/Semsrott/Alberts 2017, S. 40.
[77] Vgl. Palmetshofer/Semsrott/Alberts 2017, S. 26; Bründl/Matt/Hess 2015, S. 2.
[78] Vgl. ebda.
[79] Vgl. Jensen/Meckling 1976, S.34; Wiewiorra 2018, S. 464; Dewenter/Lüth 2016, S. 650.
[80] Vgl. Bundesministerium für Wirtschaft und Energie 2017, S. 10.

2.3 Grundlagen des betriebswirtschaftlichen Risikomanagements als mögliches Konzept für private Haushalte zur Risikobewertung ihrer (potentiellen) Nutzung der Digitalen Welt

Fasst man die bisherigen Ergebnisse zusammen, scheinen die Verbraucher die Souveränität über ihre Daten immer mehr zu verlieren und damit die Freiheit einzubüßen innerhalb der Digitalen Welt in verschiedenen Rollen frei agieren und entscheiden zu können, was ferner einen erheblichen Verlust der selbstbestimmten und verantwortungsvollen Steuerung und Kontrolle im Umgang mit ihren Daten bedeutet und für die Verbraucher selbst ein gewisses Risiko birgt.[81]

Der Risikobegriff an sich wird seit jeher mit unterschiedlichen Inhalten gefüllt und steht nach Auslegung der OECD (2016) ganz allgemein betrachtet für die Möglichkeit oder vielmehr die Wahrscheinlichkeit, dass ein Ereignis unvorhergesehen eintritt.[82] Im betriebswirtschaftlichen Zusammenhang wird unter Risiko darüber hinaus oft die Gefahr einer negativen Entwicklung, Fehlentscheidung oder die auf wahrscheinlichkeitstheoretische Basis bezogene Unsicherheit eines zukünftigen Ereignisses subsumiert, vereinfacht ausgedrückt also eine Art „Misserfolgsgefahr".[83] Verbraucher bzw. private Haushalte besitzen diesbezüglich schon immer ein starkes Bedürfnis nach Sicherheit und Kontrolle und streben daher nach einer möglichst erwartungstreuen Planung der Zukunft und versuchen etwaige Risiken und Chancen in ihrem Entscheidungskalkül entsprechend zu berücksichtigen, wobei es zwischen den einzelnen privaten Haushalten aber erhebliche Unterschiede bezüglich der grundsätzlichen individuellen Risikowahrnehmung, -neigung und -bereitschaft gibt.[84] Neben der ausgeprägten Aversion gegenüber Risiken und Verlusten haben die Individuen die Angewohnheit in Entscheidungssituationen oftmals auf bestimmte Faustregeln zu vertrauen, was der Tatsache geschuldet ist, dass sie aufgrund der Komplexität der Situation einen Weg suchen ohne die Analyse aller Informationen die Entscheidungsfindung abzukürzen. Zudem werden durch ein vermeintlich hohes Maß an Erfahrung oder Selbstvertrauen andere einflussstarke Aspekte in vielen Fällen erfolgreich ausgeblendet.[85] Gleichermaßen konnten

---

[81] Vgl. Reisch et al. 2017, S. IV; Bundesministerium für Wirtschaft und Energie 2017, S. 10.
[82] Vgl. OECD 2016, S. 16.
[83] Vgl. Bitz 1993, S. 642.
[84] Vgl. Gleißner 2011, S.16.
[85] Vgl. Eling 2017, S. 101; Gleißner 2011, S. 10.

Oehler und Wedlich (2018) bei ihrer Untersuchung des Einflusses persönlicher Eigenschaften auf die Risikoeinstellung bei Investitionsentscheidungen feststellen, dass extravertierte Individuen risikofreudiger als weniger extravertierte Individuen sind bzw. neurotische Individuen in einem stärkeren Ausmaß risiko-avers handeln als weniger neurotische Individuen und diese Risikoeinstellungen auch in anderen Zusammenhängen relativ stabil sind.[86] Paart man diese Erkenntnisse mit den Ergebnissen der Neuen Institutionenökonomik, wonach sich die privaten Haushalte in einer Welt voller Informations-, Gestaltungs- und Betroffenheitsasymmetrien bewegen und sich, den Analysen der Verhaltensökonomik folgend, zudem eben nicht wie Homines Oeconomici verhalten, ergeben sich für die privaten Haushalte zahlreiche Risikopotentiale bei der (potentiellen) Nutzung der Digitalen Welt. Eines dieser Spannungsfelder bildet der missbräuchliche Diebstahl der digitalen Identität der Verbraucher durch Dritte und das Ausspähen über Schadprogramme wie Trojaner oder Viren, gegen die sich die Mehrheit der Verbraucher allerdings nur unzureichend schützt.[87] Verstärkt wird dieses Risiko dadurch, dass die Verbraucher keinen Einfluss darauf haben was mit ihren Daten, die sie einem Unternehmen anvertraut haben, geschieht und sich somit die Gefahr durch ein geringes Schutzniveau auf Unternehmensseite zusätzlich erhöht.[88] Ein weiterer wichtiger Aspekt ist die sich bildende Marktmacht von Unternehmen der Digitalen Welt, die teilweise vergleichbar ist mit einer (unzulässigen) Monopolstellung. So kann ein vorliegender hoher Datenbesitz für manche Unternehmen einen erheblichen Wettbewerbsvorteil darstellen, da aufgrund der Analyse dieser Daten beispielsweise Innovationen besser erarbeitet werden können und die Datenmenge neben dem daraus folgenden Informationsvorsprung, zudem als eine Art Zugangsbarriere für Wettbewerber angesehen werden kann, da sich die Dienste durch Netzwerkeffekte erst lohnen, wenn genügend Personen diese verwenden. Vor allem Zusammenschlüsse von Unternehmen mit rein datenbasierten Geschäftsmodellen sind hierbei kritisch zu beäugen.[89] Außerdem könnten Unternehmen ihre Marktmacht dazu nutzen Kunden aus strategischen Gründen, unbemerkt mit nicht präferierten Unternehmen zu verbinden, um die eigene Stellung zu untermauern.[90] Ausgehend von

---

[86] Vgl. Oehler/Wedlich 2018, S. 23, 63, 91.
[87] Vgl. DIVSI 2016, S. 94; Oehler 2017a, S. 71.
[88] Vgl. Dewenter/Lüth 2016, S. 648-649.
[89] Vgl. Dewenter 2018, S. 9; Dewenter 2016, S. 237-238; Krämer 2016, S. 232.
[90] Vgl. Wiewiorra 2018, S. 465.

einem gewissen Grad an Marktmacht gerät auch die Möglichkeit der Preisdifferenzierung bzw. Preisdiskriminierung in den Fokus der möglichen Risiken auf Verbraucherseite. Durch dynamische Preisalgorithmen, die das individuelle Kauf- und Zahlungsverhalten der Konsumenten kennen und entsprechend zu Grunde legen, können Unternehmen für ein und dasselbe Produkt je nach Kunde und Zeitpunkt einen unterschiedlichen Preis verlangen.[91] Ökonomisch betrachtet wird hierbei die Konsumentenrente des Kunden minimiert und vom Unternehmen abgeschöpft, was in der analogen Welt bereits an anderer Stelle zu beobachten ist. So kann es je nach Zeitpunkt zu unterschiedlichen Preissetzungen kommen (z.B. Last-Minute-Reisen, Tankstellen, etc.), wobei diese Entwicklung kritischer zu bewerten ist, wenn diese „dynamische Preissetzung" auf eine interpersonelle Ebene gehoben wird und Verbraucher aufgrund individueller Merkmale unterschiedliche Preise zahlen. Demnach kann es bereits einen Unterschied ausmachen, ob private Haushalte über den Windowsbrowser „Internet Explorer" oder Apples „Safari" eine Seite des Online-Handels aufrufen, wobei der Apple-Nutzer in diesem Beispiel als zahlungskräftiger eingestuft werden würde. Unterschieden wird zum Teil schon ob ein Computer oder sonstiges Gerät geografisch der ländlichen Region oder dem urbanen Gebiet (= zahlungsfähiger) zugeordnet wird.[92] Möglich ist eine ökonomische Diskriminierung des Weiteren durch Ausschluss. Hierbei können private Haushalte aufgrund ihrer Nutzung von digitalen Anwendungen und der damit generierten Menge an persönlichen Daten durch einen beigemessenen Zahlenwert, der z.B. Aufschluss über die Zahlungsfähigkeit oder andere Kriterien gibt, bewertet und in ein Ranking eingeordnet werden. Realisierbar ist bereits ein Szenario, bei dem Verbraucher beispielsweise durch die Preisgabe ihrer Fitnessdaten bei Krankenversicherungen einen individuellen Tarif erhalten oder von diesem ausgeschlossen werden könnten.[93] Zuletzt besteht ferner die Möglichkeit der Einflussnahme von Unternehmen oder weiteren Institutionen auf das Verhalten privater Haushalte durch die Auswertung der von Verbrauchern generierten Daten. Das Beispiel des Facebook-Datenskandals rund um die US-Wahl 2016 veranschaulichte eindrucksvoll inwiefern Nutzer sich durch bewusst gefilterte Information/Nichtinformation in

---

[91] Vgl. Müller/Welpe 2017, S. 264; Feld et al. 2017, S. 15; Schleusener/Hosell 2016, S. 5.
[92] Vgl. Feld et al. 2017, S. 46; Schleusener/Hosell 2016, S. 18.
[93] Vgl. Weis/Lucks/Grassmuck 2017, S. 19, 26; Oehler 2017a, S. 71; Eling 2017, S. 2.

ihrem Verhalten steuern lassen und sich damit auch für Unternehmen neue Manipulationsmöglichkeiten ergeben.[94]

Entscheidend ist dabei zu beachten, dass die dargestellten Risiken nicht nur für private Haushalte gelten, sofern diese mit der Digitalen Welt vernetzt sind und die entsprechenden Dienste nutzen, sondern potentiell allen Verbrauchern begegnen können. Unternehmen können als Anbieter datenbasierter Geschäftsmodelle durch die persönlichen Daten ihrer Nutzer nachweislich Informationen über Personen sammeln, die die Dienste eventuell noch gar nicht nutzen und damit so genannte „Schattenprofile" erstellen.[95] Dies geschieht beispielsweise durch den Zugriff auf Adresslisten der Nutzer bei der Registrierung eines Dienstes oder eben proaktiv durch Postings und geteilte Informationen über Dritte, die die Nutzer selbst ins Internet stellen.[96] Eine Möglichkeit zur Einschätzung etwaiger Gefahren und Kosten-Nutzen-Teilungen, könnte für private Haushalte ein entsprechendes Risikomanagement darstellen, was Verbraucher grundsätzlich in sämtlichen Lebenssituationen betreiben, dies jedoch durch Faustregeln meist deutlich abkürzen.[97] Das Konzept des Risikomanagements an sich entstammt der Betriebswirtschaftslehre, wo es primär zum systematischen Denken und Handeln im Umgang mit Risiko angewandt wird und dabei zur Transparenz in Risikosituationen beiträgt, in dem ein Risiko früh erkannt und das konsequente Abschätzen der Kosten-Nutzen-Teilung gewährleistet wird.[98] Unter Berücksichtigung der Untersuchungen von Oehler und Unser (2002) sowie Gleißner (2011), ergeben sich innerhalb des Risikomanagements verschiedene Stufen, die es gilt prozessähnlich zu durchlaufen, wie in **Abbildung 5** dargelegt wird. Im ersten Schritt werden bei der Risikoidentifikation und -messung mögliche Risiken systematisch untersucht, um so die Höhe des möglichen Ausmaßes zu bestimmen.[99] Im nächsten Schritt, der Risikobewertung, wird entschieden ob Maßnahmen notwendig sind und diese entsprechend abgeleitet, ehe im folgenden dritten Schritt, der Risikoaggregation nach Gleißner (2013), die Einzelrisiken zur Schätzung des Gesamtrisikos aggregiert werden. Während der folgenden Risikosteuerung werden die zuvor befundenen Maß-

---

[94] Vgl. Buxmann 2018, S. 18; Müller/Welpe 2017, S. 265; Oehler 2017a, S. 71.
[95] Vgl. Wiewiorra 2018, S.463; Eling 2017, S. 171; Palmetshofer/Semsrott/Alberts 2017, S. 9.
[96] Vgl. OECD 2016, S. 11.
[97] Vgl. OECD 2016, S. 17; Eling 2017, S. 101.
[98] Vgl. Gleißner 2011, S. 1, 12, 325; OECD 2016, S. 17.
[99] Vgl. Oehler/Unser 2002, S.20 ff.; Gleißner 2011, S. 58 ff.

nahmen ergriffen, die dem gemessenen Handlungsbedarf entsprechen.[100] Laut OECD (2016) können Risiken demnach akzeptiert, reduziert, geteilt und transferiert oder auch gänzlich vermieden werden, sofern die Handlung nicht ausgeführt wird.[101]

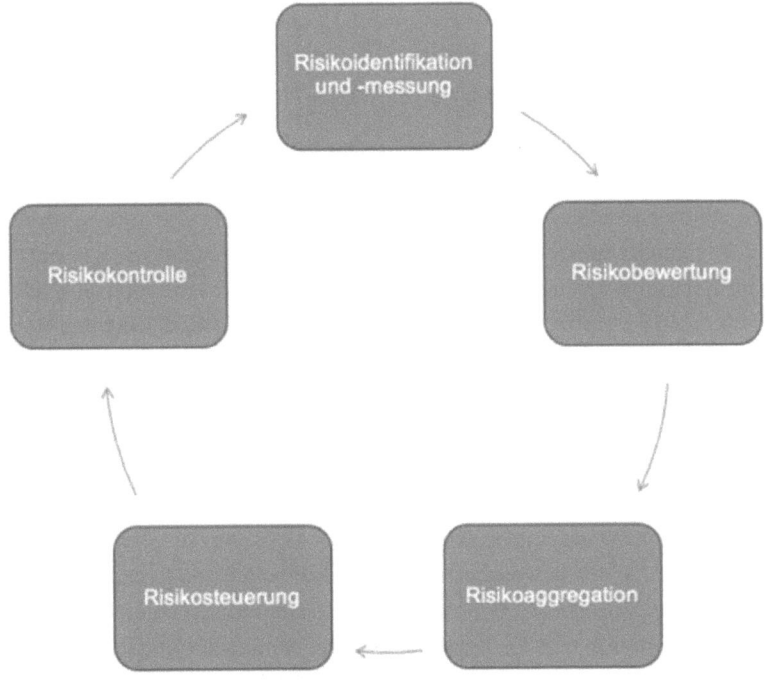

Abbildung 5: Konzept des Risikomanagements
Eigene Darstellung, nach: Oehler/Unser 2002, S. 20; Gleißner 2011.

Während der Risikokontrolle erfolgt die Erfolgsmessung der getroffenen Maßnahme durch einen Soll-Ist-Abgleich und die Beobachtung möglicher Änderungen der Risiken. Im Anschluss daran kann dieser Kreislauf, entsprechend der sich geänderten Risiken, erneut durchlaufen werden.[102] Dieses Konzept kann den privaten Haushalten dabei helfen, der ansteigenden Komplexität der Digitalen Welt hin-

---

[100] Vgl. Oehler/Unser 2002, S. 29 ff.; Gleißner 2011, S.111 ff. & 159 ff.
[101] Vgl. OECD 2016, S. 17.
[102] Vgl. Oehler/Unser 2002, S. 20, 29.

sichtlich ihrer Sicherheitsbedenken durch eine systematische Berücksichtigung dieser Teilschritte gegenüberzutreten. Dabei sollte aber bedacht werden, dass die Nutzung digitaler Dienste stets mit einem gewissen Risiko verbunden sein wird, weshalb eine Zusammenarbeit von Unternehmen, sozialen Entscheidungsträgern und IT-Experten erforderlich wäre.[103]

2.4 Rechtliche Rahmenbedingungen und aktuelles Schutzniveau der Verbraucher innerhalb der Digitalen Welt

Wie bereits dargelegt, ergeben sich durch die technischen Fortschritte der Datenauswertung für die einzelnen Unternehmen zahlreiche Möglichkeiten das Verhalten privater Haushalte zu analysieren und diese Ergebnisse zum eigenen Vorteil einzusetzen.[104] Betrachten wir das aktuell geltende Schutzniveau, so werden private Haushalte dahingehend durch die Unzulässigkeit möglicher Eingriffe in ihr Privatleben geschützt, die in Art. 12 der "Allgemeinen Erklärung der Menschenrechte" (1948) und Art. 8 der "Europäischen Menschenrechtskonvention" (1950) festgehalten und beispielsweise in Deutschland durch den Schutz des Persönlichkeitsrechts über Art. 1 Abs. 1 GG i.V.m. dem Recht zur freien Entfaltung der Persönlichkeit in Art. 2 Abs. 1 GG umgesetzt wird.[105] Da Anbieter datenbasierter Dienste in der Vergangenheit aber dennoch durch die Verarbeitung von Kundendaten erhebliche Vorteile gegenüber den Verbrauchern erzielen konnten und die Gesetze zur Umsetzung des Datenschutzes sich in einzelnen Ländern zudem deutlich unterschieden, sah sich die EU gezwungen den europäischen Datenmarkt einheitlich zu reglementieren und die Unklarheiten über nationale Unterschiede zu beseitigen.[106] Daher wurde mit der EU-DSGVO im April 2016 eine entsprechende Verordnung erlassen, die seit 25.05.2018 in allen Mitgliedsstaaten verbindlich gilt.[107] Die Verordnung findet nach Art. 3 EU-EU-DSGVO Anwendung auf gesammelte Daten von Unternehmen, die eine Niederlassung in der EU betreiben, aber auch auf die Verarbeitung von Daten durch Unternehmen außerhalb der EU, sofern die Daten von Personen und deren Verhalten innerhalb der EU stammen. Ebenso gilt die

---

[103] Vgl. OECD 2016, S. 18.
[104] Vgl. Jentzsch 2014, S.793; Bründl/Matt/Hess 2015, S. 5.
[105] Vgl. Jöns 2017, S. 32.
[106] Vgl Wiewiorra 2018, S. 466; Kretschmer 2018, S. 462; Enste et al. 2016, S. 65.
[107] Vgl. Europäische Union 2012 Art. 288 Satz 2; Datenschutz-Grundverordnung 2016, Art. 99.

Verordnung bei der Verarbeitung von pseudonymisierten Daten, nicht aber für erfolgreich anonymisierte Daten.[108] Die Verordnung erlaubt lediglich die Verarbeitung personenbezogener Daten, sofern die Verbraucher gemäß Art. 6 Abs. 1 Satz 1 EU-DSGVO der Datenverarbeitung zugestimmt haben und dabei gemäß Art. 5 Abs. 1 EU-DSGVO eine Zweckbindung vorliegt. Beide Aspekte setzen voraus, dass die Verbraucher zum einen frei über die Verarbeitung entscheiden können und zum anderen den Zweck der Erhebung nachvollziehen können bzw. die Unternehmen diesen überhaupt schon angeben können, was in Zeiten von Big Data, unter Berücksichtigung der Entwicklungen zukünftiger Analysemöglichkeiten, teilweise schwierig erscheint.[109] Den Verbrauchern werden zudem durch die Art. 15, 16, 17 und 21 EU-DSGVO Rechte hinsichtlich der Datenauskunft, Datenberichtigung, Datenlöschung und des Widerspruchs eingeräumt sowie gemäß Art. 20 EU-DSGVO die Möglichkeit eröffnet, gesammelte personenbezogene Daten in strukturierter Form zu erhalten und diese an einen anderen Hauptverantwortlichen weiterzugeben, sofern dies technisch möglich ist. Um die Nutzung datenbasierter Dienste für die privaten Haushalte zu vereinfachen wird mit Art. 25 EU-DSGVO zusätzlich durchgesetzt, dass die Verantwortlichen der Datenerfassung diese Datenschutzbestimmung bereits innerhalb ihrer Funktionen zur Datenerhebung („Privacy by Design")[110] gewährleisten sowie beim Einrichten der Voreinstellungen („Privacy by Default")[111] berücksichtigen. In Letzter Konsequenz setzt die Europäische Union zudem erheblich höhere Strafen bei Datenschutzverletzungen fest. Demnach drohen den Unternehmen je nach Art des Verstoßes Geldbußen von zehn Millionen Euro bzw. 2% des weltweit erzielten Jahresumsatzes bis zu 20 Millionen Euro bzw. 4% des weltweit erzielten Jahresumsatzes.[112] Zu beachten gilt außerdem der Hinweis der EU, dass zur Verbesserung der Transparenz und zur Kontrolle hinsichtlich der Einhaltung der neuen Regelungen eine Art „Prüfzeichen" im Sinne einer Zertifizierung angestrebt werden könnte.[113] Insgesamt betrachtet ermöglicht die neue Verordnung den privaten Haushalten eine verbesserte Kontrolle über ihre Daten und enthält weitere innovative Regelungen. Allerdings werden durch zahlreiche

---

[108] Vgl. Datenschutz-Grundverordnung 2016, EG 26 & Art. 3 Nr. 5.
[109] Vgl. Jöns 2017, S. 44.
[110] z.B. durch Pseudonymisierung oder Verschlüsselung.
[111] z.B. Grundsatz der Datenminimierung.
[112] Vgl. Datenschutz-Grundverordnung 2016, Art. 89 Abs. 4-5.
[113] Vgl. Datenschutz-Grundverordnung 2016, EG 100.

Öffnungsklauseln den nationalen Gesetzgebern Möglichkeiten geboten das Schutzniveau erheblich einzuschränken, weshalb es nicht verwundert, dass die Verordnung manchem Experten noch nicht ausreicht, vor allem in Bezug zur Beteiligung der Verbraucher am wirtschaftlichen Profit ihrer Daten, was noch vollkommen ignoriert wird.[114] Weitere wichtige Regelungen, vor allem im Hinblick auf Unternehmen mit datenbasierten Geschäftsmodellen in der Digitalen Welt, werden in Deutschland durch das Wettbewerbsrecht abgedeckt. So schützt das „Gesetz gegen den unlauteren Wettbewerb" Mitbewerber, Verbraucher und sonstige Marktteilnehmer vor unerlaubten geschäftlichen Handlungen der Unternehmen und das „Gesetz gegen Wettbewerbsbeschränkungen" sorgt für einen fairen Wettbewerb durch Verhinderung etwaiger Monopolbildungen.[115] Seit der letzten Neuerung des GWBs Mitte 2017 werden bei der Beurteilung einer marktbeherrschenden Stellung weitere Faktoren wie Netzwerkeffekte oder Wechselkosten für die Verbraucher berücksichtigt, die speziell in der Digitalen Welt von Bedeutung sind. Des Weiteren wurden die Kriterien bei der Fusionskontrolle durch das Bundeskartellamt dahingehend angepasst, dass nun auch Unternehmen mit einem geringeren Umsatz als fünf Millionen Euro innerhalb Deutschlands der Fusionskontrolle unterliegen können, was in der Vergangenheit vor allem in der digitalen Branche nicht immer gegeben war.[116]

---

[114] Vgl. Oehler/Horn 2018, S. 470; Krämer 2018, S. 467; Jöns 2017, S. 41.
[115] Vgl. UWG 2010, GWB 2013.
[116] Vgl. GWB 2013, §18 Abs. 3a, §35, §§81, 81a, 89d.

3 Brauchen private Haushalte ein Risikomanagement für die (potentielle) Nutzung der Digitalen Welt?

3.1 Herleitung und begründete Auswahl der Beurteilungskriterien und -perspektiven

Die bisherigen Erkenntnisse konnten aufzeigen wie sehr die Entwicklungen einer immer stärker digitalisierten Welt die privaten Haushalte fordert und von diesen ein in vielerlei Hinsicht angemessenes Risikoverständnis verlangt. In welchem Maß sich deren Rendite-Risiko-Situation durch die neuen, datenbasierten Geschäftsmodelle schlussendlich verändert, bleibt zu diskutieren.[117] Zur Unterstützung und zum Schutz der Verbraucher wurden bereits erste Entscheidungen von Seiten des Gesetzgebers getroffen, auch wenn diese sich auf die Illusion stützen, die Verbraucher seien zu jeder Zeit fähig die jeweilige Entscheidungssituation unter Berücksichtigung aller Aspekte verstehen und dementsprechend handeln zu können. Berücksichtigt man nun aber die im Grundlagenteil dargestellten Ergebnisse der Neuen Institutionen- und der Neuroökonomik, zeigen diese deutlich, dass sich private Haushalte in der Digitalen Welt mit einem gewissen Risikopotential konfrontiert sehen. Es besteht hierbei die Vermutung, dass Verbraucher dabei grundsätzlich ein Risikomanagement benötigen bzw. im Unterbewusstsein teilweise bereits betreiben. Da neben den kognitiven Verzerrungen bei der korrekten Beurteilung einer Entscheidungssituation darüber hinaus weitere individuell variierende Aspekte, wie unter 2.3 dargelegt, innerhalb des Bewertungsrahmens ihre Entfaltung finden, scheint eine konsistente und allgemeingültige Antwort auf die ausgehende Forschungsfrage schwierig. Um eine gesamthafte Beurteilung in Anbetracht der Ausgangsfrage gewährleisten zu können, sollte daher der Diversität der betreffenden Perspektiven und Beurteilungskriterien Rechnung getragen werden, was im Folgenden geschieht. Hierzu werden zuerst die wichtigsten Kriterien genannt, die die Risikosituation der privaten Haushalte in der Digitalen Welt beeinflussen, ehe im Anschluss daran die wichtigsten Akteure innerhalb der Digitalen Welt vorgestellt werden, um diese anhand der zuvor formulierten Kriterien analysieren sowie Unterschiede und Gemeinsamkeiten zwischen diesen herausstellen zu können. Prinzipiell strebt innerhalb der Digitalen Welt jeder Akteur nach einer maximalen Rendite, im Sinne eines Gegenwertes für die Preisgabe persönlicher

---

[117] Vgl. Oehler 2017a, S. 71.

Daten, bei zugleich möglichst risikofreier Nutzung der innovativen Dienstleistungen und Produkte der Anbieter, im Sinne einer möglichen Schmälerung des Nutzens durch negative Abweichungen vom Erwartungswert. Erheblicher Einfluss auf das Ausmaß der möglichen Rendite bzw. des möglichen Risikos ergibt sich je nach Ausprägung unter Berücksichtigung des jeweiligen **Datenwerts**, der beeinflusst wird durch die Teilkriterien Datenquelle, Datenqualität und Datentyp. Unter Hinzunahme der Erkenntnisse aus 2.2 ist hinsichtlich der Datenquelle zu unterscheiden, ob die Daten bewusst und freiwillig abgegeben wurden, von Unternehmen unbewusst beobachtet oder aus einer weiteren, eventuell extern hinzugezogenen Datenmenge abgeleitet wurden.[118] Des Weiteren sind bezüglich der Datenqualität die Aktualität, Relevanz, Granularität und Menge sowie beim Datentyp Nutzungs-, Standort- und sozio-/demografische Daten zu differenzieren.[119] Hierbei kann im Allgemeinen festgehalten werden, dass den Daten ein höherer Wert beigemessen werden kann je höher die Datenqualität ist und je näher die Datenquelle beim Verbraucher liegt, da die Analyse hierdurch zielgerichteter durchgeführt werden kann. Bezüglich des Datentyps hängt die jeweilige Beurteilung dagegen stark mit dem explizit vorgesehenen Verwendungszweck auf Seiten des Unternehmens zusammen. Weiteren substantiellen Einfluss auf das Rendite- bzw. Risikopotential ergibt sich für die privaten Haushalte durch das Maß an **Transparenz** der Dienste, was in diesem Zusammenhang bedeutet, dass die betroffenen Nutzer Kenntnis darüber besitzen was mit ihren Daten passiert und grundsätzlich nachvollziehen können wozu ihre Daten genutzt werden, was zu einem Vertrauensanstieg führen kann. Sie bildet damit die Grundlage für ein selbstbestimmtes Handeln und erleichtert eine fundierte, rationale Entscheidung auf Seiten der Verbraucher hinsichtlich der Risikoidentifikation, -steuerung und -kontrolle.[120] Daran anknüpfend besitzt die **Souveränität** über die eigenen Daten als weiteres Kriterium eine elementare Bedeutung, da hiermit die mögliche Handlungsfähigkeit und Entscheidungsfreiheit der Verbraucher innerhalb der Digitalen Welt sichergestellt wird und sie damit Einfluss auf die Steuerung etwaiger Risiken besitzt.[121] Erheblichen Anteil an einem souveränen Umgang mit den eigenen Daten bietet die notwendige digitale Kompetenz, wogegen die Übergabe der Verfügungsgewalt über die Daten an die Unternehmen,

---

[118] Vgl. Bründl/Matt/Hess 2015, S. 10 ff.; Eling 2017, S. 6.
[119] Vgl. ebda.
[120] Vgl. Weis/Lucks/Grassmuck 2017, S. 19; Jöns 2017, S. 39; Oehler 2015, S. 821.
[121] Vgl. Reisch et al. 2017, S. 3.

die Souveränität auf Seiten der Nutzer erheblich beschränkt, da etwaige Interessenkonflikte ganz im Sinne der Prinzipal-Agenten-Theorie entstehen können.[122] Unter Bezugnahme der Kernkriterien Rendite und Risiko, die es innerhalb der Digitalen Welt zu berücksichtigen gilt, werden die im Folgenden ausgewählten Perspektiven hinsichtlich der Notwendigkeit eines Risikomanagements auf Seiten der privaten Haushalte somit anhand der ausgewählten und in **Abbildung 6** dargestellten Kriterien **Datenwert**, **Transparenz** und **Souveränität** analysiert und nachfolgend gegenübergestellt:

Ausprägungen	Perspektive A (Rendite-Risiko)	Perspektive B (Rendite-Risiko)	Perspektive C (Rendite-Risiko)	Perspektive D (Rendite-Risiko)	Perspektive E (Rendite-Risiko)
Datenwert					
Transparenz					
Souveränität					

Abbildung 6: Beurteilungskriterien
Eigene Darstellung, nach: Bründl/Matt/Hess 2015, S. 10 ff.; Eling 2017, S. 6.; Jöns 2017, S. 39; Reisch et al. 2017, S. 3.

Um im weiteren Verlauf beurteilen zu können ob private Haushalte ein Risikomanagement für die (potentielle) Nutzung der Digitalen Welt benötigen, ist es von Bedeutung die in der Digitalen Welt agierenden Akteure inklusive ihrer verschiedenen Rollen zu kennen und ihre Handlungsmöglichkeiten zu verstehen.

Im Zusammenhang mit der Nutzung datenverarbeitender Geschäftsmodelle treffen zunächst Datenanbieter, Datenhändler und Datennutzer aufeinander und ermöglichen im Austausch untereinander überhaupt erst die Verwertung persönlicher Daten.[123] Nach den Erkenntnissen aus Kapitel 2.1 und 2.2 treten private Haushalte hierbei ganz allgemein betrachtet als Nachfrager der digitalen Dienste und damit als Datenanbieter in Erscheinung und bilden somit, wie durch **Abbildung 7** veranschaulicht, den Ursprung der Generierung, Sammlung und weiteren Verarbeitung persönlicher Daten. Damit dienen sie den verschiedenen Anbietern digitaler Güter und Dienstleistungen als Grundlage für deren datengetriebene Geschäftsmodelle.[124]

---

[122] Vgl. Initiative D21 2018, S. 21; Micklitz/Oehler 2006, S. 3; Oehler 2013, S. 54.
[123] Vgl. Bründl/Matt/Hess 2015, S. 8 ff.; Jöns 2017, S. 17; Lange/Stahl/Vossen 2016, S. 4 ff.
[124] Vgl. Micklitz/Oehler 2006, S. 3-4.

Brauchen private Haushalte ein Risikomanagement für die (potentielle) Nutzung der Digitalen Welt?

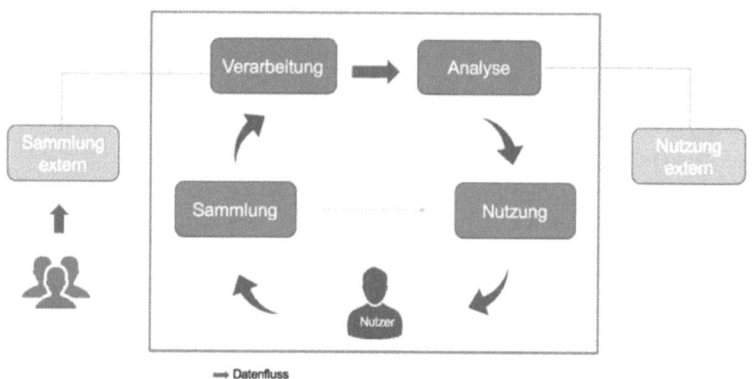

Abbildung 7: Wertschöpfung datenbasierter Geschäftsmodelle
Eigene Darstellung, nach: Bründl/Matt/Hess 2015, S. 8; Jöns 2017, S. 17; Lange 2016, S. 4.

Innerhalb dieser digitalen Wertschöpfungskette wird die vom Verbraucher generierte Datenmenge von den Anbietern der Dienste gesammelt, verarbeitet, analysiert und zur Profilbildung genutzt, was im Anschluss daran der eigenen Vermarktung dienen kann (z.B. für personalisierte Werbung). Daneben besteht für die Anbieter solcher Geschäftsmodelle zudem die Möglichkeit die gesammelten Daten in verschiedenen Formen als Datenhändler an Dritte weiter zu veräußern sowie selbst innerhalb der einzelnen Stufen Daten von Dritten zu erwerben.[125] Da sich die Akteure in ihren unterschiedlichen Rollen innerhalb der Digitalen Welt selbstverständlich nicht im rechtsfreien Raum bewegen, bleiben die entsprechenden Gesetze und Richtlinien zu beachten, weshalb eine weitere wichtige Rolle in der Digitalen Welt vor allem dem Beobachter und rechtlichen Gestalter der digital organisierten Marktprozesse zukommt. Dieser beschäftigt sich mit den Auswirkungen des digitalen Handlungsrahmens sowie der Einführung, Umsetzung und Optimierung dessen, mit besonderer Rücksicht auf die Verbraucher und deren zustehenden Rechte.[126] Gerade bei der genaueren Analyse dieser Verbraucher fällt allerdings auf, dass deutliche Unterschiede in den Verhaltensmustern zu berücksichtigen sind. Dies betrifft in diesem Zusammenhang vor allem die individuelle Motivation und Fähigkeit nötige Informationen zu sammeln und zu verarbeiten, deren

---

[125] Vgl. Bründl/Matt/Hess 2015, S. 8 ff.; Jöns 2017, S. 17; Lange/Stahl/Vossen 2016, S. 4 ff.; Micklitz/Oehler 2006, S. 3-4.
[126] Vgl. Micklitz/Oehler 2006, S. 4.

Bewertung zu rationalen Entscheidungen innerhalb der Digitalen Welt führen kann.[127] In der Verbraucherpolitik differenziert man daher zwischen drei typischen Verhaltensmustern, die grundsätzlich bei jeder Person in unterschiedlichen Situationen auftreten können und sich anhand von typischen Verbraucherbildern veranschaulichen lassen. Der **„Verantwortungsvolle Verbraucher"** steht für eine kleine, aber wachsende Gruppe, die sich durch individuelle Konsumfreiheit und Eigenverantwortung auszeichnet. In der Digitalen Welt holt dieser sich beispielsweise entscheidungsrelevante Informationen selbst ein und zeigt sich äußerst aktiv. Der **„Vertrauende Verbraucher"** steht für die größte Gruppe der Verbraucher, denen aufgrund fehlender Zeitkapazitäten nicht in allen Lebensbereichen eine umfassende Bildung möglich ist, so dass sie auf ein bestimmtes Schutzniveau angewiesen sind. Die **„Verletzlichen Verbraucher"** dagegen, stehen eher im Abseits des gesellschaftlichen und ökonomischen Lebens und bewältigen ihren Alltag nur sehr behäbig und beanspruchen damit ein hohes Schutzniveau.[128] Die im Folgenden analysierten Perspektiven, werden demnach bewusst so ausgewählt, dass sie jeweils für eine bedeutende Gruppe innerhalb der Gesellschaft stehen, sich von außen betrachtet allerdings so sehr differenzieren, dass bestehende Unterschiede deutlich wahrnehmbar sind.

Nach den Ergebnissen der Digital-Studie der Initiative D21 zur Beurteilung des Digitalisierungsgrads der deutschen Gesellschaft und den dargestellten typischen Verbraucherbildern, ergibt sich für die Analyse aus Sicht der privaten Haushalte somit neben der Perspektive des **„Progressiven Anwenders"**, der als Teil der „Digitalen Vorreiter" für rund sechs Millionen Bürger steht, zudem die Perspektive des **„Konservativen Gelegenheitsnutzers"**, der als Teil der „Digital Mithaltenden" für zirka 23 Millionen Nutzer betrachtet werden kann sowie die Perspektive des **„Offliners"**, der knapp zwölf Millionen Bürger zugeordnet werden können.[129]

Im Überblick bilden sich innerhalb dieser Studie sieben unterschiedliche Nutzertypen, die in **Abbildung 8** dargestellt werden.

---

[127] Vgl. Enste et al. 2016, S. 23; Micklitz et al. 2010, S. 1.
[128] Vgl. Micklitz et al. 2010, S. 2-3.
[129] Vgl. Initiative D21 2018, S. 21, 32, 36 ff.

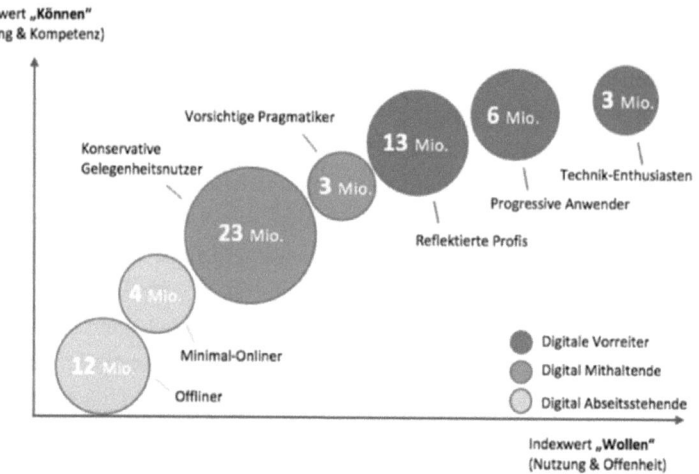

Abbildung 8: Digitale Nutzertypen in Deutschland im Detail
Eigene Darstellung, nach: Initiative D21 2018, S. 32 ff.

Um zusätzlich die datenverarbeitende Seite innerhalb der Digitalen Welt berücksichtigen zu können, wird als vierte Perspektive, die des **Geschäftsführers** eines Unternehmens herangezogen, dessen Geschäftsmodell auf der Datenverarbeitung basiert und ihn damit als Datennutzer und Datenhändler in Erscheinung treten lässt. Um die Gesamtbetrachtung abzurunden, wird neben den Akteuren aus Gesellschaft und Wirtschaft die Perspektive der **Bundesministerin für Justiz und Verbraucherschutz** ausgewählt. Neben ihrer verbraucherpolitischen Verantwortung ist sie auf bundespolitischer Ebene in Zusammenarbeit mit dem Bundesministerium des Innern, für Bau und Heimat für die rechtlichen Rahmenbedingungen und die entsprechende Handhabe innerhalb der Digitalen Welt verantwortlich und beeinflusst damit den Handlungsspielraum, sowohl für Verbraucher, als auch für Unternehmen entscheidend.

3.2 Perspektive des „Progressiven Anwenders" als versierter Verbraucher, der die Vorteile der Digitalen Welt eigenverantwortlich genießt, aber nicht alle Risiken exakt abschätzen kann

Am Anfang der perspektivengetriebenen Diskussion steht ein gebildeter männlicher Verbraucher, der mitten im Digitalen Wandel aufgewachsen ist und sich somit von klein auf an den Umgang mit digitalen Medien und Inhalten gewöhnen konnte.

Die Digitalisierung und die Interaktion mit den relevanten Diensten hat seinen Alltag bereits vollkommen durchdrungen, so dass er sich auch für technische Trends interessiert.[130] Für ihn bringt die Digitale Welt erstmal mehr Nutzen als Risiko, weshalb er sich als Datenanbieter selbstbewusst und extravertiert in dieser bewegt und durch die ermöglichte Flexibilität sowohl beruflich als auch privat davon profitiert.[131] Als Sales Manager eines deutschen Technologie- und Software-Herstellers ist dieser Verbraucher beruflich viel unterwegs, weshalb digitale Dienste in diesem Fall für eine erhebliche Erleichterung bei der Bewältigung des täglichen Lebens sorgen. So nutzt er diverse Instant-Messaging-Dienste wie WhatsApp und soziale Netzwerke wie LinkedIn, Xing oder Facebook, um mit seinen Freunden, seiner Familie und den Arbeits- und Studienkollegen in Kontakt zu bleiben.[132] Zwischen den zahlreichen Terminen unter der Woche nutzt er weitere Dienste und Programme wie z.B. PayPal, Uber, die Deutsche Bahn App, Deliveroo, Payback, Miles & More, Bahn Card oder Apple Pay beruflich und privat ebenfalls zu seinem Vorteil. Dadurch kann er zeitsparend unterwegs Überweisungen tätigen, die Fahrt zum Flughafen buchen oder ganz einfach schon das Abendessen spät am Abend bestellen und nach Hause liefern lassen. Am Wochenende füllt er die wenige Freizeit, die bleibt, mit sportlichen Aktivitäten, die er mit seinem Fitnesstracker aufzeichnet. Das Ausmaß des möglichen Risikos für den Verbraucher wird hierbei durch den extrem hohen Datenwert verstärkt. So kann die hier betrachtete Perspektive durch die zahlreichen und sehr detaillierten, freiwillig abgegebenen und beobachtbaren Daten, die er den Anbietern der unterschiedlichen Dienste zur Verfügung stellt, zwar durch passende Angebote und damit verbundenen sinkenden Suchkosten seine Rendite erhöhen, gleichzeitig birgt dieser offene Umgang mit der umfangreichen und detaillierten Abgabe der Daten an die dahinterstehenden Unternehmen stets ein gewisses Risiko, was ihm aber bewusst ist und akzeptiert wird.[133] Da er aus Zeitgründen die meisten der Einwilligungserklärungen und AGBs, der von ihm genutzten Dienste nur grob überfliegt und bestätigt, ist ihm zwar nicht ganz klar welche Verknüpfungen mit seinen Daten überhaupt möglich sind, dennoch weiß er, dass die Daten teilweise auch anderen Unternehmen zur Verfügung gestellt werden können, vertraut den Unternehmen diesbezüglich aber.[134] Außerdem hat er von

---

[130] Vgl. Initiative D21 2018, S. 33, 37; DIVSI 2016, S. 12, 34.
[131] Vgl. Initiative D21 2018, S. 26; DIVSI 2016, S. 12.
[132] Vgl. Initiative D21 2018, S. 20.
[133] Vgl. Initiative D21 2018, S. 27.
[134] Vgl. Krämer 2018, S. 645; Initiative D21 2018, S. 24.

den Neuerungen durch die EU-DSGVO gelesen, es aber aufgrund der beschränkten Zeitkapazität noch nicht geschafft das durch Art. 5 EU-DSGVO geschaffene Recht auf Datenauskunft für sich zu nutzen. Diese Art von Transparenz kann er demnach zwar theoretisch nutzen, um mögliche Risiken besser erkennen und bewältigen zu können, allerdings scheinen die damit verbundenen Opportunitätskosten für den hier betrachteten Verbraucher zu hoch, um die Möglichkeit gewinnbringend ausschöpfen zu können. Vielmehr stellt sich der Verbraucher sogar die Frage, inwieweit es möglich wäre am ohnehin schon stattfindenden Handel und Kauf seiner Daten mitzuverdienen.[135] Die Preisgabe der Daten kann durch die nötigen Kompetenzen korrekt eingeschätzt werden und verleiht der Perspektive prinzipiell einen souveränen Umgang, der aber hinsichtlich der Handlungsfähigkeit und Entscheidungsfreiheit zum einen den individuellen kognitiven Verzerrungen, zum anderen den Asymmetrien, die sich aus der Preisgabe bzw. Vermarktung seiner Daten ergeben, unterliegt. Dies verhindert somit eine entsprechende noch bessere Steuerung und Kontrolle möglicher Risiken, die sich durch Nutzung der Digitalen Welt ergeben. Insgesamt gesehen überwiegt für die betrachtete Perspektive die praktikable Handhabe innerhalb der Digitalen Welt und bietet somit erhebliche Vorteile hinsichtlich Preis und Zeitersparnissen sowie niedrigen Informations- und Suchkosten. Vice versa sorgt dies dafür, dass sich der Verbraucher mit zahlreichen Risiken wie Preisdiskriminierung, Missbrauch, Spam oder Meinungsbeeinflussung konfrontiert sieht, die grundsätzlich bedacht, aufgrund des kurzfristigen Vorteils aber oftmals hintenangestellt werden.[136] Das Risikopotential ist somit als relativ hoch einzuschätzen, was vor allem durch den hohen Datenwert und den erheblichen Folgen eines möglichen Missbrauchs begründet werden kann. Ein funktionierendes Risikomanagement zur systematischen Abschätzung der Rendite-Risiko-Teilung könnte aufgrund des hohen Datenwerts und der nötigen Souveränität über die Daten dabei helfen, langfristige Risiken abzusichern und noch nicht bekannte Renditemöglichkeiten zu öffnen, vor allem im Hinblick darauf, dass der Verbraucher trotz hoher Kompetenzen die Vielzahl an Risiken nicht immer korrekt abschätzen und dadurch nicht vollends souverän agieren kann.[137]

---

[135] Vgl. Oehler 2016a, S. 830; Oehler/Horn 2018, S. 470.
[136] Vgl. Palmetshofer/Semsrott/Alberts 2017, S. 15.
[137] Vgl. Micklitz/Oehler 2006, S. 21 ff.

3.3 Perspektive des „Konservativen Gelegenheitsnutzers", der als reflektierter Verbraucher digitale Dienste wohlüberlegt nutzt, wenngleich er die Risiken dahinter kaum nachvollziehen kann

Bei der zweiten Beurteilungsperspektive handelt es sich um eine verheiratete Frau Anfang 50, die sich nach dem Realschulabschluss und den ersten Berufsjahren zunächst der Erziehung ihrer beiden Kinder widmete, ehe sie nach deren Auszug aus dem elterlichen Haushalt wieder halbtags in ihren alten Beruf als Bürokauffrau bei einem mittelständischen Unternehmen zurückkehren konnte.[138]

Sie nutzt die Digitale Welt gelegentlich im Alltag und erkennt die Vorteile, die sich dadurch ergeben deutlich. Prinzipiell findet sie die Entwicklungen gut, fragt sich aber oft wie die Dienste genau funktionieren oder welche Begrifflichkeiten sich dahinter verbergen, denn aus ihrer Sicht kann sie die Vorteile daraus nur sinnvoll nutzen, wenn sie auch versteht wie die Digitale Welt und die Prozesse dahinter funktionieren.[139] Dabei kann ihr dies oftmals von ihren beiden Kindern erklärt werden oder sie beschäftigt sich zusammen mit ihrem Mann damit und versucht es selbst herauszufinden, wobei sie dabei aber gelegentlich an ihre Grenzen stoßen und daher sehr reflektiert bis zurückhaltend bei der Nutzung der Digitalen Welt agiert. Die meiste Zeit verbringt sie dabei mit alltagserleichternden Aspekten wie z.B. der Kommunikation mit ihren Kindern und ihrem Mann über das Smartphone und die Familiengruppe in WhatsApp oder zur Organisation und Abstimmung mit ihren Freundinnen.[140] Des Weiteren nutzt sie zusammen mit ihrem Mann datenbasierte Kartendienste wenn sie beispielsweise im Urlaub sind oder die Internetsuche am Laptop zu Hause zur einfacheren Recherche.[141] Neben den Rabatt- und Prämienprogrammen, deren Vorteile sie zusammen mit ihrem Mann wahrnimmt, versucht sie sonstige Dienste zu meiden, die Aufschluss über Nutzungs- oder Kaufverhalten der beiden geben. Wenn es nicht von Nöten ist, wird auf Online-Banking verzichtet und die Bankgeschäfte direkt am Schalter erledigt, da die Verbraucherin aus Datenschutzgründen so wenig Daten wie möglich ins Netz stellen will, vor allem die besonders sensiblen.[142] Bei der hier zu beurteilenden Perspektive sorgt die geringe

---

[138] Vgl. Initiative D21 2018, S. 36.
[139] Vgl. Initiative D21 2018, S. 21.
[140] Vgl. Weis/Lucks/Grassmuck 2017, S. 20; Initiative D21 2018, S. 36, 49; DIVSI 2016, S. 65.
[141] Vgl. Initiative D21 2018, S. 16.
[142] Vgl. Initiative D21 2018, S. 23-24.

Menge und fehlende Heterogenität an freiwillig abgegebenen Daten für einen beschränkten Datenwert und damit für ein mäßiges Risikopotential bei der Nutzung der Digitalen Welt. Vor allem durch das Bewusstsein der Verbraucherin, dass die abgegebenen Daten anderweitig verwendet werden könnten und sie daher aufgrund fehlenden Vertrauens teilweise auf Dienste mit Datenangabe verzichtet.[143] Im Hinblick auf die eigentlich gestiegene Transparenz hinsichtlich möglicher Risiken durch die Vorgaben der neuen EU-DSGVO, kann für diese Perspektive keine allzu positive Veränderung beobachtet werden. Der Verbraucherin ist zwar die Nutzung ihrer Daten grundsätzlich bewusst, aber aufgrund der begrenzten Rationalität im Hinblick auf die Verarbeitung vorliegender AGBs oder Einwilligungserklärungen und der Unkenntnis darüber, welche Daten nach der Erhebung miteinander verknüpft werden können, werden manche Dienste nur widerwillig akzeptiert, sofern sie, beispielsweise durch Netzwerkeffekte o.ä., eine große Erleichterung für die Verbraucherin darstellen.[144] Was die Souveränität betrifft entscheidet die Verbraucherin bei der Nutzung der Digitalen Welt relativ frei, welche Daten sie freigibt und welche nicht, wenngleich das in letzter Konsequenz bedeuten kann, dass ein Dienst gar nicht genutzt wird. Bezüglich ihrer Handlungsfähigkeit und Entscheidungsfreiheit nach Preisgabe ihrer Daten unterliegt diese Person ihren individuellen kognitiven Verzerrungen bei der Einschätzung des Datenwerts und möglicher Gefahren sowie den Asymmetrien, die sich aus der Übergabe der Verfügungsgewalt über ihre persönlichen Daten ergeben, was die Kontrolle und Steuerung des Schutzes ihrer Privatsphäre beschränkt.[145] Alles in allem kann die hier betrachtete Perspektive ganz individuell ihren Nutzen aus den Möglichkeiten der Digitalen Welt ziehen, auch wenn sie dabei besonders bewusst selektiert welche Dienste sie nutzt und welche nicht. Erscheinen ihr die Risiken für ihre Privatsphäre zu groß wird auf die Anwendung verzichtet, obwohl sie Zugang dazu hätte.[146] Aufgrund des geringen Datenwerts, des begrenzten Vertrauens und der Angst vor dem Verlust der Souveränität bei Nutzung mancher Dienste, ergibt sich zwar ein gewisses Risikopotential hinsichtlich Preisdiskriminierungen, Beeinflussung etc. für diese Perspektive, dieses kann aber insgesamt als mäßig bewertet werden. Verantwortlich hierfür sind insbesondere die Bedenken bei der Datenkontrolle und dem damit

---

[143] Vgl. Bitkom 2015, S. 6.
[144] Vgl. Acquisti/John/Loewenstein 2013, S. 249; Jöns 2017, S. 11; Krämer 2018, S. 645; Wiewiorra 2018, S. 464; Buxmann 2018, S. 19; Initiative D21 2018, S. 24; DIVSI 2016, S. 65.
[145] Vgl. Bitkom 2015, S. 3.
[146] Vgl. OECD 2017, S. 247.

einhergehenden Verzicht der Preisgabe von Daten, der umgekehrt aber den individuellen Nutzen beschränkt. Durch eine frühzeitige, systematische Abschätzung der Rendite-Risiko-Teilung könnte die Risikobewältigung für diese Perspektive erheblich verbessert werden. Ein entsprechendes Risikomanagement könnte dafür sorgen, dass die dann aufgeklärte Verbraucherin ihre Rendite steigern könnte, indem sie die Digitale Welt stärker nutzt, das Schutzniveau durch eine umfassendere Aufklärung und Bildung aber verbessert wäre.

3.4 Perspektive des „Offliners", der als verletzlicher Verbraucher nicht am Digitalen Wandel partizipieren kann und große Sorge bezüglich der Risiken hegt

Die „Offlinerin" als dritte und damit letzte Perspektive möglicher Datenanbieter auf Verbraucherseite steht sinnbildlich für ein Teil der „Digital Abseitsstehenden" privaten Haushalte. Dabei handelt es sich hier um eine Frau Anfang 70, die die Interaktion mit der Digitalen Welt nahezu gänzlich meidet und für die digitalisierte Welt wenig gewappnet ist. Geprägt wird ihre Meinung durch das fehlende Vertrauen hinsichtlich der digitalen Sicherheit, das sich für sie durch die Digitalisierung daraus ergibt, dass die Vorgänge darin von absurder Kompliziertheit geprägt sind.[147] Dies gilt als Grund warum sie sich sehr ängstlich und zurückhaltend bei neuen Medien verhält. Bestärkt von ihrem mangelnden Interesse sieht sie für sich selbst keinen wirklichen Nutzen und ist der Ansicht, dass die klassischen Medien für ihre Informationszwecke ausreichen. Da sie der Umgang mit der Digitalen Welt aufgrund der hohen Dynamik und Komplexität überfordert, übernimmt ihre 45-jährige Tochter notwenige Aufgaben im Internet.[148] Ihre Tochter war es auch, die ihr das alte Smartphone mitsamt den alten Einstellungen überließ und entsprechend einrichtete, damit sie wenigstens die Nachrichten und Bilder ihrer Enkelin empfangen kann, die sich gerade für ein Jahr als Au-Pair in Vancouver, Kanada befindet. Ansonsten nutzt die Verbraucherin solche Dienste keineswegs in ihrem Alltag. Indirekt durchdringt die Digitalisierung ihren Alltag lediglich in Form des Rabattprogramms, wobei sie ihre Tochter mit einer Zweitkarte beim Punktesammeln unterstützt, und der gespeicherten Sitzeinstellung im Auto ihres Schwiegersohns, die er ihr beim Vorführen seines neuen Wagens einrichtete.[149] Für die dargestellte Pers-

---

[147] Vgl. DIVSI 2016, S. 13; Initiative D21 2018, S. 12.
[148] Vgl. Initiative D21 2018, S. 12, 27; DIVSI 2016, S. 70.
[149] Vgl. DIVSI 2016, S. 70.

pektive ergibt sich daraus zunächst ein geringes Maß an potentiellem Risiko. Beschränkt wird dieses geringe Risiko vor allem durch den kaum vorhandenen Datenwert. Freiwillig abgegebene oder beobachtete Daten können über die Verbraucherin nicht gesammelt werden, da sie nirgendwo persönlich angemeldet ist. Zudem würde die Datenqualität durch die geringe relevante Menge und fehlende Aktualität als sehr schlecht eingestuft werden. Die Nutzung des Nachrichtendienstes über das Google-Konto ihrer Tochter oder die Erfassung des Kaufverhaltens durch die Benutzung der Rabattkarte und die Aufzeichnung der Strecken, die ihr Profil mit dem Auto ihres Schwiegersohnes zurücklegt, eröffnet den Anbietern dieser Dienste maximal das Anlegen so genannter „Schattenprofile", die Daten über Dritte sammeln und zu einem weitgehend anonymen Kundenprofil zusammentragen. Über diese Möglichkeit weiß die Verbraucherin allerdings nichts, was man als aufgeklärter Verbraucher jedoch durch die gestiegene Transparenz in den Gebrauchsanweisungen und AGBs hätte nachlesen können. Was die Souveränität angeht können kaum nachvollziehbare Angaben gemacht werden, außer dass sich die Verbraucherin darum sorgt im weiteren Verlauf der Digitalisierungswelle irgendwann doch nochmal auf entsprechende Dienste und Technologien angewiesen zu sein, um ihren Alltag bewältigen zu können.[150] Dann wäre sie nicht nur aufgrund der individuellen kognitiven Verzerrungen und typischen Asymmetrien im Umgang mit Daten, sondern zudem durch die fehlende Kompetenz allerlei Risiken ausgesetzt.[151] Festzuhalten bleibt, dass die Verbraucherin aktuell im Prinzip kaum Risiken innerhalb der Digitalen Welt eingeht und ihr individuelles Risikopotential daher als relativ gering zu bewerten ist. Entscheidend ändern würde sich dies, sofern Aspekte aus ihrem Alltag nur noch online oder durch datenbasierte Dienste durchgeführt werden könnten und sie dabei nicht von ihren Familienmitgliedern unterstützt werden würde. Allerdings kommt es durch die digitale Abschottung der Verbraucherin zu einem erheblichen Renditeverzicht, da sie die Vorteile der Digitalen Welt nicht nutzt bzw. nicht nutzen kann und damit in diesem Kontext eher außen vor ist. Ein Risikomanagement zur systematischen Abschätzung der Rendite-Risiko-Teilung könnte durch eine verbesserte Risikoidentifizierung, -steuerung und -kontrolle helfen sowohl kurz-, als auch langfristigen Risiken auf Augenhöhe zu begegnen. Dies hätte zur Folge, dass die Digitale Welt von dieser Verbraucherin

---

[150] Vgl. DIVSI 2016, S. 12.
[151] Vgl. Palmetshofer/Semsrott/Alberts 2017, S. 70.

potentiell genutzt werden könnte. Fraglich bleibt hierbei jedoch, inwiefern die betrachtete Verbraucherin bereit wäre, die nötige „Mindestkompetenz" hierfür zu erwerben.[152]

3.5 Perspektive des Geschäftsführers der Loyalty Partner GmbH, die für den Erfolg von Deutschlands größten Loyalitätsprogramms verantwortlich ist und dessen datenbasiertes Geschäftsmodell auf dem Vertrauen und der Offenheit seiner Kunden aufbaut

Neben den drei dargestellten und für die Digitale Welt typischen Profile privater Haushalte, sollen nun Einschätzungen zur Gegenseite, den Datennutzern, folgen. Bei der insgesamt vierten Perspektive handelt es sich um den Geschäftsführer der Loyalty Partner GmbH, die neben eines branchen- und medienübergreifenden Bonusprogramms für Handel und Dienstleistung auch maßgeschneiderte IT-Lösungen für den Betrieb weiterer Loyalitätsprogramme anbietet und dadurch mit der Deutschen Bahn AG oder Miles & More zusammenarbeitet.[153] Im Fokus der Perspektive steht die Betrachtung aus dem Blickwinkel des Tochterunternehmens PAYBACK, welches das größte und bekannteste Bonusprogramm Deutschlands darstellt und seit 2011 als Partnerunternehmen von American Express Funding Management (Europe) Limited betrieben wird.[154]

Das Bonusprogramm bietet seinen Kunden im alltäglichen Leben die Möglichkeit über die PAYBACK-Karte Prämienpunkte bei diversen Bezahlvorgängen zu sammeln, welche im Nachhinein für Sachprämien oder Rabattierungen eingelöst werden können. Laut Unternehmensangaben werden dadurch Kauf- und Zahlungsverhalten von über 30 Millionen Nutzern bei knapp 650 Partnern aus unterschiedlichen Branchen festgehalten und die Daten daraus gesammelt, verarbeitet, analysiert und entsprechend für eigene Maßnahmen genutzt.[155] Im Jahr 2017 konnte bei den Partnern ein Umsatz von 29,8 Milliarden Euro nachvollzogen werden, aus dem Punkte im Wert von 381 Millionen Euro gesammelt wurden, wovon wiederum knapp 95% im Nachgang von den Nutzern eingelöst wurden. Im gleichen Zeitraum konnte man als Unternehmen 108 Millionen Direktmailings als Marketing-

---

[152] Vgl. Initiative D21 2018, S. 12.
[153] Vgl. Loyalty Partner GmbH 2018b, S. 2.
[154] Vgl. Loyalty Partner GmbH 2018b, S. 2; Loyalty Partner GmbH 2018a, S. 1.
[155] Vgl. Payback 2018, S. 1-2.

maßnahme durchführen und verschickte 1,1 Milliarden Email-Newsletter. Neben der Benutzung der Prämienkarte wird innerhalb der PAYBACK-App (ca. 13 Millionen Downloads) die Möglichkeit geboten Bezahlungen mobil via PAYBACK-Pay abzuwickeln.[156] Die Digitalisierungswelle kommt dem Geschäftsmodell des Unternehmens sicherlich erheblich zu Gute, denn je größer, aktueller und detaillierter die vorliegenden Datenmengen werden, umso besser können diese mit Unterstützung weiterentwickelter Analyse-Tools untersucht und im Sinne des Unternehmens verwendet werden. Daher verwundert es nicht, dass ein hoher Datenwert, aufgrund der durch den Verbraucher freiwillig abgegebenen Daten, für das Unternehmen aus Sicht des Geschäftsführers zunächst mal das Risiko senkt. Schließlich kann die Kundenansprache durch verbesserte Profilbildung und Vorhersage immens verbessert werden und sich das Unternehmen des Weiteren aufgrund des exklusiven Zugangs zur Datenbasis weitere Rendite sichern.[157] Transparenz wirkt dagegen in zweierlei Hinsicht. Einerseits könnte sie als Wettbewerbsvorteil eingestuft werden, sofern das Vertrauen der Nutzer dadurch steigt und sie deshalb vermehrt ihre Daten mit dem Unternehmen teilen. Andererseits kann es aber zu negativen Wahrnehmungen und somit zu Reputationsschäden kommen, sofern die Daten nicht im Sinne der Nutzer verarbeitet werden und sie sich dessen bewusstwerden und vom Unternehmen abwenden.[158] Zum Schluss bietet die Souveränität über die erhaltenen Nutzerdaten dem Unternehmen zudem die Möglichkeit ganz im Sinne der Prinzipal-Agenten-Theorie den Informationsvorsprung gegenüber den Verbrauchern durch Data Tracking und Data Mining weiter auszubauen.[159] Das Risikopotential scheint aus Sicht des Geschäftsführers damit erstmal relativ gering. Dies könnte sich allerdings ändern, sofern ein funktionierendes Risikomanagement auf Verbraucherseite zur systematischen Abschätzung der Rendite-Risiko-Teilung betrieben und die Risikoidentifizierung, -steuerung und -kontrolle verbessert würde. Schließlich könnte dies dazu führen, dass die Verbraucher durch ein besseres Risikoverständnis mit ihren Daten noch konservativer umgehen als zuvor und es aufgrund steigender Souveränität auf Verbraucherseite zur Löschung von Daten kommt oder etwa ein Entgelt in monetärer Form für die Preisgabe von persönlichen Daten eingefordert wird, weshalb verhindert werden soll, dass sie über

---

[156] Vgl. ebda.
[157] Vgl. Krämer 2016, S. 235.
[158] Vgl. DIVSI 2016, S. 31.
[159] Vgl. Oehler 2017a, S. 71; Enste et al. 2016, S. 65.

den wahren Wert ihrer Daten informiert sind. Demnach benötigen aus Sicht des Geschäftsführers private Haushalte aktuell kein Risikomanagement für die Nutzung digitaler Dienste.

3.6 Perspektive der Bundesministerin für Justiz und Verbraucherschutz, für die als bundes- und verbraucherpolitische Institution die Bewertung und Steuerung der Risiken in der Digitalen Welt Priorität besitzt

Um die Betrachtung der Ausgangsfrage, neben der gesellschaftlichen und wirtschaftlichen, aus der (verbraucher-) politischen Perspektive beurteilen zu könne, wird nun die Perspektive der BMJV Gegenstand der Betrachtung sein. Als Leiterin des gesetzgebenden Ministeriums und im Weiteren als fachkundige Beraterin für die übrigen Bundesministerien bei deren Vorbereitungen von Rechtssetzungsverfahren, ist in diesem Zusammenhang vor allem die Zusammenarbeit mit dem für den Datenschutz verantwortlichen BMI zu nennen ist. Üblicherweise wird die BMJV für eine Legislaturperiode von vier Jahren gewählt und verantwortet während dieser Zeit als Mitglied der Bundesregierung die rechtlichen Vorgaben zur Sicherung des gesamtgesellschaftlichen Allgemeinwohls. Durch die Festlegung des Rechtsrahmens soll hierbei das Interesse des Staates berücksichtigt sowie wirtschaftlicher Fortschritt ermöglicht und Bürgerrechte gewahrt werden.[160] In ihren Augen besitzt der Digitale Wandel erhebliches Potential das Leben der Bürgerinnen und Bürger zu erleichtern und neben dem rein technischen auch einen gesellschaftlichen Fortschritt zu bewirken.[161] Hierfür müssen aus politischer Sicht die entsprechenden Voraussetzungen geschaffen werden, um Innovationen besser unterstützen, auf der anderen Seite aber auch die Fragen nach digitaler Freiheit und Sicherheit beantworten zu können.[162] Alles in allem soll ein nachhaltiges Wachstum anvisiert werden, von dem sowohl die Unternehmen, als auch die Bürger profitieren können.[163]

Insgesamt misst die BMJV der Digitalisierung sowohl auf Unternehmensseite, als auch auf Verbraucherseite eine steigende Bedeutung zu und befürwortet daher einen ausgeprägten Datenwert, der eine in stärkerem Ausmaß zielgerichtete Analyse

---

[160] Vgl. CDU/CSU/SPD 2018, S. 37; BMWi, BMAS, BMJV 2017, S. 12.
[161] Vgl. Barley 2018, S. 3-4; CDU/CSU/SPD 2018, S.5, 37.
[162] Vgl. Barley 2018, S. 3.
[163] Vgl. CDU/CSU/SPD 2018, S. 5.

zulassen würde. Dies könnte erreicht werden, sofern Daten zukünftig aufgrund eines gestiegenen Vertrauens und Bewusstsein vermehrt freiwillig abgegeben werden und eine bessere Datenqualität hinsichtlich Relevanz, Menge, Aktualität und Granularität der Daten gewährleistet wird. Daneben sollen die digitalen Entwicklungen deutlich sicherer werden und vor allem frei von Diskriminierung, um in letzter Konsequenz die Handlungsfähigkeit, Entscheidungsfreiheit und das Vertrauen der Bürger in vollem Ausmaß gewährleisten zu können.[164] Von der daraus resultierenden Steigerung der Transparenz verspricht sich die BMJV ein geringeres Risiko für die Verbraucher und einen Standort- bzw. Wettbewerbsvorteil für die hier ansässigen Unternehmen, was mit der flächendeckenden Umsetzung der auf EU-Ebene ausgehandelten EU-DSGVO deshalb bereits umgesetzt wurde.[165] Bezüglich der Souveränität im Umgang mit persönlichen Daten sieht die BMJV allemal noch Nachholbedarf auf Seiten der privaten Haushalte. Aus diesem Grund wurde bereits im Koalitionsvertrag aus dem Frühjahr dieses Jahres die Vermittlung digitaler Schlüsselkompetenzen sowohl bei den Nutzern der digitalen Welt, als auch bei den aktuell noch digital Abseitsstehenden, als ein Kernpunkt der Agenda fixiert.[166] Zusammenfassend bleibt festzuhalten, dass die BMJV aktuell zwar ein gewisses Risikopotential für die privaten Haushalte in der Digitalen Welt wahrnimmt, im Spannungsfeld mit den wirtschaftlichen Ambitionen der heimischen Unternehmen, jedoch die ersten Entscheidungen (z.B. EU-DSGVO) unter besonderer Bezugnahme zur internationalen Wettbewerbsfähigkeit getroffen wurden. Aus ihrer Sicht wäre ein systematisches Risikomanagement auf Verbraucherseite zur Abschätzung der Rendite-Risiko-Teilung dennoch hilfreich, da nur durch eine verbesserte Identifikation und Messung des Risikoausmaßes, einhergehend mit einer gesteigerten Risikosteuerung und -kontrolle durch erhöhte Transparenz und Souveränität, ein entsprechend selbstbestimmter Umgang mit persönlichen Daten möglich ist. Profitieren würden ihrer Ansicht nach die Unternehmen durch eine besondere Offenheit bezüglich der Datenpreisgabe auf Seiten der privaten Haushalte, da diese durch eigene Kompetenz und Vertrauen in die Unternehmen souveräner und offener agieren würden.

---

[164] Vgl. Barley 2018, S. 4-5.
[165] Vgl. ebda.
[166] Vgl. CDU/CSU/SPD 2018, S. 37, 39, 47.

Nachdem alle Perspektiven einzeln betrachtet analysiert wurden ergibt sich bei Gesamtbetrachtung der Kernkriterien Risiko und Rendite im Hinblick auf die Forschungsfrage somit folgendes Bild:

Ausprägungen	Progressiver Anwender (Rendite-Risiko)	Konservativer Gelegenheitsnutzer (Rendite-Risiko)	Offliner (Rendite-Risiko)	Geschäftsführer (Rendite-Risiko)	BMJV (Rendite-Risiko)
Datenwert	+ +	o	o	-	o
Transparenz	+	+	+	o	+
Souveränität	+	+	+ +	-	+
Fazit	+ +	+	+ +	-	+

Erläuterung zur perspektivischen Notwendigkeit eines Risikomanagements:
++ Ausprägung erhöht Notwendigkeit erheblich   - Ausprägung minimiert Notwendigkeit
+ Ausprägung erhöht Notwendigkeit   o neutraler Einfluss auf Notwendigkeit

Abbildung 9: Analyse der Beurteilungsperspektiven
Eigene Darstellung

3.7 Konfligierende und harmonische Beziehungen der Perspektiven unter Berücksichtigung möglicher Rückkopplungsprozesse

Nach der Einzelanalyse und Bewertung der Beurteilungsperspektiven unter Berücksichtigung der zuvor dargelegten Kriterien, folgt nun die Untersuchung der Unterschiede und Gemeinsamkeiten sowie die Bewertung möglicher Wechselwirkungen zwischen den Perspektiven.

a) Progressiver Anwender – Konservativer Gelegenheitsnutzer

Für den zu Beginn betrachteten privaten Haushalt des progressiven Anwenders würde ein funktionierendes Risikomanagement schlussendlich für eine verbesserte Risikoidentifikation, -steuerung und -kontrolle sorgen und damit seine bereits vorhandene Rendite, die sich aus der Nutzung digitaler Dienste ergibt, deutlich erhöhen. Denn neben einem sinkenden Risikoniveau würden sich durch einen souveränen Umgang und einer gestiegenen Transparenz neue Renditemöglichkeiten ergeben. Vergleicht man nun diesen Typ des digitalen Vorreiters mit dem konservativ agierenden Gelegenheitsnutzer, lassen sich bei ähnlicher Interessenslage dennoch Unterschiede feststellen. Beide Perspektiven sind auf Verbraucherseite grundsätzlich daran interessiert durch die Nutzung der Digitalen Welt in ihrem Alltag zu profitieren und ihre Rendite zu steigern. Umgekehrt wollen sie sich aber keinen oder nur wenigen, steuerbaren Risiken aussetzen, die ihre Rendite schmälern könnten. Was den durch stetige Inanspruchnahme der Digitalen Welt hohen Datenwert des progressiven Anwenders betrifft, ermöglicht es dieser dem Verbraucher zwar insgesamt eine weitaus höhere Rendite zu erzielen als der konservative Gelegenheitsnutzer, allerdings wird dies im Umkehrschluss mit einem höheren Risikopotential „bezahlt", da negative Folgen wie Missbrauch, Preisdiskriminierungen oder Ausschluss aufgrund der Relevanz, Menge und Granularität deutlich einfacher sind. Eine gebotene Transparenz in der Digitalen Welt bedeutet dagegen für beide Verbraucher eine deutlich verbesserte Risikoidentifikation, -steuerung und -kontrolle. Ein Vorteil bestünde für den progressiven Anwender allerdings darin, dass dieser sich aufgrund der besseren Fachkenntnisse noch besser vor einem möglichen Renditeverlust schützen könnte als der konservative Gelegenheitsnutzer, dem transparente Dienste zwar theoretisch die Grundlage dafür bieten selbstbestimmt zu handeln, ihm aber im Gegensatz zum progressiven Anwender oftmals die korrekte Einschätzung dafür nicht möglich ist. Ähnlich verhält es sich auch hinsichtlich des souveränen Umgangs mit den persönlichen Daten in der Digitalen Welt. Beide Perspektiven sehen sich mit einer Vielzahl von Informations- und Gestaltungsasymmetrien konfrontiert, die sich durch die Preisgabe bzw. der regelrechten Übergabe ihrer Daten an datengetriebene Unternehmen ergeben. Ebenso wirken auf beide Perspektiven zahlreiche kognitive Verzerrungen in der Bewertung des Nutzens und der Kosten in Bezug zur Preisgabe ihrer Daten und lassen damit eine quantifizierbare Risikoabschätzung schwierig erscheinen.[167] Hier profitiert der progressive Anwender zwar von seinen hohen Fachkenntnissen, im perspektivischen Vergleich mit dem digital mithaltenden Verbraucher kann dieser Vorteil aber durch dessen häufigen Verzicht der Nutzung dieser Dienste ausgeglichen werden, wenngleich das für den digital mithaltenden Verbraucher zu Lasten der individuellen Rendite geschieht, in dem auf die Realisierung eines Teils davon durch die Nichtnutzung bewusst verzichtet wird. Nach dieser Betrachtung bezieht der verantwortungsvolle, progressive Anwender sein, im Vergleich zum konservativen Gelegenheitsnutzer, starkes Verlangen nach einem systematischen Risikomanagement zur genaueren Abschätzung der Rendite-Risiko-Teilung aus dem deutlich höheren und befürchteten Risikopotential aufgrund des sehr hohen Datenwerts. Sollte der Verbraucher ein Risiko nicht bewältigen können, könnte dies demnach zum ungewollten Missbrauch seiner sehr detaillierten und umfangreichen Daten und damit zu deutlichen Renditeeinbußen führen. Mögliche Wechselwirkungen zwischen diesen beiden Perspektiven ergeben sich zunächst in der Betrachtung der Vorteile des progressiven Anwenders. Vorstellbar ist demzufolge, dass sich

---

[167] Vgl. Acquisti/John/Loewenstein 2013, S. 249; Spiekermann/Grossklags/Berendt 2001.

dessen Rendite schmälert, sollten konservative Gelegenheitsnutzer aufgrund eines systematischen Risikomanagements vermehrt in die Digitale Welt eindringen und damit den Datenwert der digitalen Vorreiter verringern, indem auch ihre Daten zu Verfügung gestellt werden. Dies würde andererseits aber auch zu einer Art Rendite führen, da die vorwiegend junge Generation der progressiven Anwender von der Analyse größerer Datenmengen der eher älteren digital Mithaltenden profitieren könnte (z.b. Erkenntnisse über Vorsorgemaßnahmen bei bestimmten Krankheitsbildern). Umgekehrt könnte man sich als kompetenter digitaler Vorreiter, der die Prozesse hinter der Verarbeitung von Daten weitestgehend versteht, aber auch für einen besseren Schutz und Umgang der abgegebenen Daten einsetzen, was wiederum gerade den digital mithaltenden Verbrauchern zu Gute käme. Dieser Trade-Off verhindert aktuell noch eine höhere Rendite auf beiden Seiten, weshalb sich insgesamt Vorteile durch systematisches Risikomanagement innerhalb beider Perspektiven ergeben würden und beide voneinander profitieren könnten.

b) Progressiver Anwender – Offliner

Auch beim Vergleich des progressiven Anwenders mit dem Nutzertyp des Offliners, bleibt zunächst festzuhalten, dass dieser ebenfalls im Grundsatz von einem funktionierenden Risikomanagement hinsichtlich einer gesteigerten Risikoidentifikation, -steuerung und -kontrolle profitieren würde, allerdings durch andere Teilaspekte. Hauptverantwortlich hierfür zeigt sich das umgekehrte Bild als beim progressiven Anwender datenbasierter Dienste, da der Offliner aufgrund der fehlenden Interaktion mit der Digitalen Welt prinzipiell keine Rendite erzielt. Neben seiner ängstlichen Haltung gegenüber der Digitalisierung sorgt dafür vor allem das bestehende Desinteresse und die Ignoranz eines möglichen Nutzens, so dass die unter 3.4 betrachtete Verbraucherin die Kosten stets höher einschätzt als den möglichen Nutzen.[168] Im Gegensatz zum progressiven Anwender sorgt ein sehr geringer Datenwert für ein sehr überschaubares Risikopotential. Wie dargestellt, begründet sich ein Wert der Daten oftmals lediglich auf sogenannte „Schattenprofile" der Offliner, die indirekt durch die Nutzung der Digitalen Welt anderer Verbraucher gezeichnet werden können und bis zu einer potentiellen Nutzung der digitalen Welt durch die Offliner selbst meist unbestimmbar bzw. anonym gespeichert werden. Der Aspekt der Transparenz ist für die Gruppe der Offliner aktuell von keinerlei Bedeutung, da bei Nichtnutzung der Digitalen Welt auch deren Transparenz

---

[168] Vgl. Initiative D21 2018, S. 12.

unberücksichtigt bleibt. Deutlich wichtiger ist die Transparenz zu beurteilen, sofern die Offliner die Dienste zukünftig nutzen und davor profitieren würden. Was die Souveränität betrifft weisen die Offliner kaum Kompetenzen vor, die dafür sorgen könnten erfasste Daten bzw. die genannten Schattenprofile über sie zu identifizieren und über den Umgang damit zu entscheiden. Rein hypothetisch würden sie dabei, wie die progressiven Anwender auch, diversen kognitiven Verzerrungen und den zu beachteten Informations- und Gestaltungsasymmetrien unterliegen.

Trotz aller Unterschiede zwischen den beiden untersuchten Verbrauchertypen würde ein systematisches Risikomanagement für beide Perspektiven in nahezu gleichem Maße für eine Renditesteigerung bei der Nutzung der Digitalen Welt sorgen. Anders als beim progressiven Anwender würde der Nutzen für die Offliner aber in diesem Fall grundsätzlich auf einer deutlichen Verbesserung der Risikosteuerung und -kontrolle durch die verstärkte Souveränität und Kompetenz basieren. Als Fundament gilt hierbei der Erwerb der nötigen Kompetenzen.[169] Sollten die Offliner von ihrem Desinteresse an der Digitalen Welt abrücken und die nötige Kompetenz entwickeln, unterlägen sie zwar potentiell den gleichen kognitiven Verzerrungen und Asymmetrien wie die beiden bisher betrachteten Perspektiven, könnten die Digitale Welt dadurch aber überhaupt erst zu ihren Vorteilen nutzen, weshalb dann ein Risikomanagement benötigt werden würde, um die gebotene Transparenz berücksichtigen zu können. Neben den bis dato erfassten „Schattenprofilen" dieser Verbraucher würde dann die zwar immer noch sehr zurückhaltende aber souveräne Abgabe von individuellen und bestimmbaren Daten zu einer teilweise realisierten Rendite führen, wenngleich mit dem damit einhergehenden steigenden Risikopotential.

Unter diesen Umständen wären die Wechselwirkungen ähnlich zu beurteilen wie die zwischen den progressiven Anwendern und konservativen Gelegenheitsnutzern zuvor. Demnach könnten die progressiven Anwender vom Erfahrungsschatz und der Datenanalyse der eher älteren Generation lernen und profitieren (z.B. Krankheitsbilder), sehen sich aber auch dem Risiko gegenüber, dass der Wert ihrer Daten aufgrund der dann geballten Verfügbarkeit von Daten erheblich sinkt und ihre Rendite dadurch geschmälert wird. Umgekehrt könnten die digitalen Vorreiter durch ihre ausgeprägte Kompetenz und Erfahrung im digitalen Kontext dafür Sorge tragen, dass die Offliner am Nutzen der Digitalen Welt partizipieren könnten.

---

[169] Initiative D21 2018, S. 36.

Zusammenfassend bleibt festzuhalten, dass für beide Perspektiven ein systematisches Risikomanagement für die potentielle Nutzung der Digitalen Welt sinnvoll wäre, um unter Berücksichtigung der genannten Wechselwirkungen, die individuelle Rendite zu steigern. Für die progressiven Anwender würden sich demnach die Vorteile direkt einstellen, während die Wirkung für die Offliner eher im Konjunktiv zu betrachten ist, was vor allem daran liegt, dass als unumgänglicher Schritt hierfür ein kompetenter und souveräner Umgang mit der Digitalen Welt gewährleistet werden müsste, was durch lebenslanges Lernen aber möglich ist.

c) Progressiver Anwender – Geschäftsführer

Vergleicht man den progressiven Anwender mit dem beschriebenen Geschäftsführer aus Abschnitt 3.5 ergibt sich ein deutlich heterogenes Bild in der Beurteilung der ausgehenden Forschungsfrage. Während der progressive Anwender durch ein systematisches Risikomanagement zur besseren Beurteilung seiner Rendite-Risiko-Position hinsichtlich der Nutzung der Digitalen Welt vor allem an einer dadurch verbesserten Risikoidentifikation, -steuerung und -kontrolle interessiert ist, soll aus Sicht des Geschäftsführers ein funktionierendes Risikomanagement auf Seiten der Verbraucher am besten vollumfänglich vermieden werden. Zunächst einmal sind beide Perspektiven an einem sehr hohen Datenwert interessiert. Auf Seiten der progressiven Anwender gründet diese Einstellung darauf, dass die Angebote der Digitalen Welt für eine erheblich höhere individuelle Rendite sorgen je höher die Datenqualität ist und je näher die Preisgabe der Daten am Verbraucher angesiedelt ist.[170] Auf der anderen Seite bietet ein hoher Datenwert für den Geschäftsführer einen hohen Nutzen, da sein datenbasiertes Geschäftsmodell gerade erst durch die Sammlung, Verarbeitung, Analyse und Verwertung persönlicher Daten ermöglicht wird und aufgrund des steigenden Werts zielgerichteter betrieben werden kann. Hinsichtlich des Datenwertes lehnt der Geschäftsführer ein Risikomanagement auf Seiten der privaten Haushalte aber ab, da es für ihn ein Renditeverlust nach sich ziehen würde, sofern die Nutzer über den wahren Wert ihrer Daten aufgeklärt werden würden. Ähnlich, aber nicht ganz so radikal verhält es sich hinsichtlich der Transparenz. Während der progressive Anwender durch eine gegebene Transparenz bei der Verwendung der digitalen Dienste eher profitieren kann, ergibt sich für den Geschäftsführer solcher Dienste ein erhebliches Risiko. Zwar besteht die Möglichkeit, dass sich Verbraucher durch eine hohe Transparenz

---

[170] Vgl. Bründl/Matt/Hess 2015, S. 10 ff.; Eling 2017, S. 6.

und des damit verbundenen Gefühls von Vertrauen erst dazu veranlasst fühlen ihre Daten preiszugeben, dies könnte aber umgekehrt dafür sorgen, dass gerade die progressiven Nutzer abgeschreckt werden, wenn sie Einblick über die Verarbeitung und Anwendungen ihrer Daten erhalten. Noch riskanter ist es für den Geschäftsführer, den Nutzern den souveränen Umgang mit ihren Daten zu ermöglichen. Zum einen profitiert er aktuell davon, dass einmal abgegebene Daten im Prinzip so oft und so lange genutzt werden können wie es von ihm beabsichtigt wird. Zum anderen erhält er diese Daten kostenlos, sofern die Nutzer den AGBs seiner Dienste einwilligen. Dieser Vorteil wird bereits heute schon durch die Umsetzung der EU-DSGVO erheblich auf die Probe gestellt, wobei es dem Geschäftsführer allerdings noch gelingt die Auswirkungen auf sein Geschäft durch die zahlreichen Öffnungsklauseln innerhalb der Verordnung in Grenzen halten zu können.[171] Führt man diese Einzelbetrachtungen der Kriterien zusammen, erkennt man schnell, dass der hohe Nutzen eines systematischen Risikomanagements auf Seiten der progressiven Anwender einen deutlich negativeren Einfluss auf die Rendite-Risiko-Teilung auf Seiten des Geschäftsführers bedeuten würde. Es bleibt aber zu vermuten, dass sich gerade die für die Digitale Welt immens wichtigen progressiven Anwender bei steigender Souveränität und Transparenz nicht von den digitalen Diensten abwenden würden, da diese gerade erst die Grundlage für die wahrgenommene Rendite bilden. Allerdings könnten sich die Verbraucher über ihre Stellung und der damit einhergehenden Macht innerhalb der Digitalen Welt bewusstwerden, was in den gezeigten Nachteilen für die Geschäftsführer dieser Dienste resultieren könnte.

d) Progressiver Anwender – BMJV

Bei der Gegenüberstellung des progressiven Anwenders mit dem BMJV lassen sich hinsichtlich der Notwendigkeit eines systematischen Risikomanagements auf Verbraucherseite einige harmonische Beziehungen heranführen. Demzufolge strebt das BMJV, genauso wie der progressive Anwender, einen offenen und selbstbewussten Umgang innerhalb der Digitalen Welt an, damit die privaten Haushalte dadurch die Möglichkeit wahren ihren Alltag mithilfe der datenbasierten Diensten zu erleichtern. Dabei sollen durch die BMJV entsprechende rechtliche Voraussetzungen geschaffen werden, um das gesamtgesellschaftliche Allgemeinwohl abzusichern. Beide Seiten sind prinzipiell an einem hohen Datenwert interessiert, damit

---

[171] Vgl. Schmechel 2016, S. 12.

die Verbraucher das Potential der Digitalen Welt vollends ausnutzen können und aus Sicht des BMJV eine gute Analyse gewährleistet werden kann. Denn nur eine detaillierte Preisgabe von Daten im geschützten Raum sorgt für eine positive Rendite auf Verbraucherseite durch entsprechend individuelle Dienstleistungen und Produkte. Daneben ist aber auch die internationale Wettbewerbsfähigkeit der Unternehmen gesichert, da diese auf eine große und detaillierte Datenmenge zurückgreifen und ihre Produkte und Dienstleistung aufgrund dessen verbessern kann. Da sich die BMJV erhofft, dass die Verbraucher aufgrund eines gestiegenen Vertrauensverhältnisses in der Folge ihre Daten bewusster angeben würden, soll durch transparente Angebote der Unternehmen ein Wettbewerbsvorteil entstehen. Was die Souveränität über die eigenen Daten betrifft, misst die BMJV den Vorteilen einer steigenden Handlungsfähigkeit und Entscheidungsfreiheit auf Verbraucherseite deutliche Potentiale zu, da vor allem die progressiven Anwender ihre Kompetenz dazu einsetzen können selbstbestimmt zu entscheiden wer ihre Daten erhält und wer nicht. Unter Berücksichtigung der bisher dargestellten Beziehung der beiden Perspektiven, ergibt sich das deutlichere Verlangen eines systematischen Risikomanagements für den progressiven Anwender, besonders aufgrund des sehr hohen Datenwerts und den damit verbundenen Risiken. Da die BMJV hinsichtlich des Datenwerts auch die Interessen der Unternehmen berücksichtigt, bewertet sie das Handlungspotential, das dadurch gegeben wird, eher als neutral. Betrachtet man sich die Wirkung, die beide Perspektiven aufeinander besitzen, so kann man erstaunliche Diskrepanzen heranführen. Die BMJV soll zwar für den rechtlichen Schutz der Verbraucher, also auch der progressiven Anwender, sorgen, verhindert damit aber unter Umständen eine noch höhere Rendite dieser Verbraucher in der Digitalen Welt.[172] Denn gerade in dieser Gruppe gibt es zahlreiche Verbraucher, die ihren Nutzen durch weitere Datenfreigabe zusätzlich erhöhen wollen und die damit verbundenen Risiken für sich selbst für gerechtfertigt erachten. Teilweise könnte dadurch ein hohes Schutzniveau auf die progressiven Anwender als Überregulierung wirken, sofern sie in der Preisgabe ihrer Daten beschränkt werden würden.

---

[172] Vgl. DIVSI 2016, S. 85 ff.

e) Konservativer Gelegenheitsnutzer – Offliner

Im weiteren Verlauf gilt es sich nach den detaillierten Betrachtungen des progressiven Anwenders nun die noch ausstehenden Beziehungen der zweiten Verbrauchergruppe, der konservativen Gelegenheitsnutzer, zu vergegenwärtigen. Diese sehen in der Nutzung der Digitalen Welt insgesamt eher Vor- als Nachteile, weshalb ein systematisches Risikomanagement für den in diesem Kontext eher vertrauenden Verbrauchertyp prinzipiell für eine verbesserte Risikoidentifikation, -steuerung und der entsprechenden -bewältigung sorgen würde, wodurch der konservative Gelegenheitsnutzer durch Benutzung der Digitalen Welt seinen Nutzen zielgerichtet erweitern und die Rendite erhöhen könnte, während sein potentielles Risiko sinkt. Beim Offliner ergibt sich zwar ein ähnliches Gesamtfazit, allerdings benötigt dieser Verbrauchertyp noch deutlicher ein funktionierendes Risikomanagement, damit er aus der Nutzung der Digitalen Welt überhaupt erst seine individuelle Rendite erzielen kann.

Was den Datenwert des konservativen Gelegenheitsnutzers betrifft, sorgt dieser zunächst zwar generell für ein bestimmtes Risikopotential, wird aber durch die konsequente Ablehnung mancher Dienste auf einem konstant mäßigen Niveau gehalten, was teilweise zu Lasten möglicher Renditen geschieht, vom Verbraucher aber bewusst in Kauf genommen wird um weitere Risiken zu umgehen.[173] Im Hinblick auf die gebotene Transparenz und des damit einhergehenden Verständnisses über die Vermarktungs- und Verknüpfungsmöglichkeiten persönlicher Daten kann man für beide Perspektiven eine ähnliche Notwendigkeit eines systematischen Risikomanagements ableiten, welche bei der Einschätzung hinsichtlich des souveränen Umgangs mit den eigenen Daten wiederum beim Offliner deutlich stärker eingestuft wird. Grund hierfür ist, dass der konservative Gelegenheitsnutzer mit seinen Daten insoweit bereits souverän umgehen kann, dass er sich bewusst für einen Verzicht möglicher Anwendungen entscheidet, während die Souveränität beim digital abseitsstehenden Offliner durch eine bestimmte Grundkompetenz erstmal erreicht werden müsste.[174]

Schlussendlich ergibt sich daraus beim Offliner das etwas stärkere Verlangen nach einem systematischen Risikomanagement, welches diesem Verbrauchertyp überhaupt erst ermöglichen würde an der Digitalen Welt zu partizipieren.

---

[173] Vgl. Bitkom 2015, S. 6
[174] Vgl. Bitkom 2015, S. 6; Initiative D21 2018, S. 36.

Betrachtet man sich die Wechselwirkungen zwischen diesen beiden Perspektiven, ergibt sich ein ähnliches Bild wie beim Vergleich des progressiven Anwenders mit dem konservativen Gelegenheitsnutzer, nur mit dem Unterschied, dass dieser Verbrauchertyp seine Position wechselt. Zum einen könnte sein Datenwert durch die Erhebung der Daten der bisherigen Offliner sinken, zum anderen könnte er von den möglichen Datenanalysen der meist älteren Generation der bisherigen Offliner profitieren und sich umgekehrt mit seinen Kompetenzen für einen verbesserten Schutz einsetzen, was wiederum den Offlinern zu Gute kommen würde. Letztlich bleibt noch zu beachten, dass eine durch systematisches Risikomanagement hervorgerufene größere Teilhabe der konservativen Gelegenheitsnutzer an der Digitalen Welt die Ausgangssituation der Offliner maßgeblich verschlechtern könnte. Dies wäre möglich, sofern manche Dienste und Produkte des alltäglichen Lebens durch die Benutzung der digitalen Vorreiter und der digitalen Mithaltenden in der Folge ausschließlich online verfügbar wären und die Offliner sich so gezwungen sähen widerwillig in die Sphären der Digitalen Welt eintreten zu müssen.[175]

f) Konservativer Gelegenheitsnutzer – Geschäftsführer

Stellt man den Teilergebnissen der konservativen Gelegenheitsnutzer dagegen die entsprechenden Teilresultate aus Sicht des betrachteten Geschäftsführers gegenüber, erhält man bei diesem Vergleich ein heterogenes Bild. Schon die Einstellung zur Digitalen Welt unterscheidet sich in diesen beiden Perspektiven nennenswert. Während die konservativen Gelegenheitsnutzer zwar manche Dienste, wenn auch widerwillig, nutzen, da die Vorteile für sie trotz aller Bedenken überwiegen, würde der Geschäftsführer der Loyalty Partners GmbH am liebsten den kompletten Alltag aller privaten Haushalte durchdigitalisieren, erfassen und entsprechend analysieren. Mit Blick auf das Kriterium des Datenwerts ergibt sich für die konservativen Gelegenheitsnutzer keine direkte Notwendigkeit für ein systematisches Risikomanagement, da sie aufgrund des bewussten Verzichts zahlreicher Dienste das Risikopotential auf einem mäßigen Niveau halten. Der Geschäftsführer ist daran ebenfalls nicht interessiert, da dies etwa dafür sorgen könnte, dass die Verbraucher über den wahren Wert ihrer Daten aufgeklärt werden würden und es im Zusammenhang mit der im Folgenden beschriebenen Transparenz und Souveränität zu einem Gewinnrückgang kommen könnte. Während die konservativen Gelegenheitsnutzer allgemein an einer hohen Transparenz interessiert sind, um die Vermarktungs- und

---

[175] Vgl. DIVSI 2016, S. 12.

Verknüpfungsmöglichkeiten ihrer Daten besser einordnen zu können, scheint der Geschäftsführer gespalten. Zum einen könnte es dazu kommen, dass er dadurch gerade das Vertrauen der Verbraucher gewinnt und diese offener mit ihren Daten umgehen. Zum anderen besteht aber die Gefahr, dass sie sich durch die Offenlegung der Verarbeitungsprozesse vollständig von seinen Diensten abwenden, sofern dies nicht ihren Vorstellungen entspricht. Noch deutlich heterogener zeigen sich die perspektivischen Interessen an einem systematischen Risikomanagement hinsichtlich der Souveränität. Während die digital mithaltenden konservativen Gelegenheitsnutzer dabei von einer gesteigerten Fachkompetenz und der damit verbundenen zielgerichteten Nutzung der Digitalen Welt sowie der Wahrnehmung neuer Renditen profitieren würden, könnte es auf Seiten des Geschäftsführers aus zweierlei Hinsicht zu erheblichen Umsatzeinbußen kommen. Denn gerade diese Verbrauchergruppe, die sich doch eher gespalten im Hinblick auf die Digitale Welt zeigt, könnte einen Gegenwert für die Preisgabe ihrer Daten oder sogar deren Löschung verlangen, was teilweise bereits durch die Umsetzung der EU-DSGVO realisiert wurde.[176]

Allerdings sind bei der Analyse der beiden Perspektiven interessante Wechselwirkungen unübersehbar, denn auch hier ist zu beobachten, dass für die konservativen Gelegenheitsnutzer die Grundlage ihrer Renditemöglichkeiten durch die angebotenen Geschäftsmodelle erst gebildet werden und umgekehrt sich gerade dadurch Risiken ergeben. Zudem basieren die Geschäftsmodelle, wie bereits unter c) dargelegt, auf den Daten der Verbraucher, die damit die entscheidende Ressource zur Verfügung stellen.[177] Des Weiteren können die Unternehmen aus den Daten der konservativen Gelegenheitsnutzer und der damit verbundenen Analyse einen erheblichen Nutzen erzielen, da sie aufgrund dessen Profile und Vorhersagen bestimmen können, die für die eher jüngere Generation der progressiven Anwender anwendbar sind und deren zukünftiges Verhalten erklärt. Daraus ergibt sich ein starker Aufklärungs- und Kommunikationsbedarf zwischen den hier betrachteten Perspektiven. Vor allem im Hinblick auf weitere Wechselwirkungen für die eher jüngeren progressiven Anwender, die von einer größeren analysierten Datenmenge der konservativen Gelegenheitsnutzer durch die Unternehmen profitieren könnten, wie bereits unter a) erläutert wurde. Fraglich bleibt nur, ob sich durch ein

---

[176] Vgl. Datenschutz-Grundverordnung 2016, Art. 21.
[177] Vgl. Haucap 2018, S. 472; Jöns 2017, S. 10.

systematisches Risikomanagement ein dafür notwendiger offenerer Umgang mit persönlichen Daten auf Seiten der konservativen Gelegenheitsnutzer realisieren lässt.

g) Konservativer Gelegenheitsnutzer – BMJV

Untersucht man zum Ende der Betrachtung der konservativen Gelegenheitsnutzer deren Ergebnisse aus der Analyse mit den Ergebnissen der perspektivischen Betrachtung der BMJV, ergibt sich ein sehr harmonisches Bild zwischen diesen beiden Perspektiven. Denn auch die BMJV sieht die Notwendigkeit eines systematischen Risikomanagements zur besseren Einschätzung der Rendite-Risiko-Teilung bei der Nutzung der Digitalen Welt auf Seiten der Verbraucher, und somit auch auf Seiten der konservativen Gelegenheitsnutzer, als gegeben. Als Gestalterin der rechtlichen Rahmenbedingungen sowie als rechtliche Beraterin für das BMI, welches die Verantwortung für einen vollumfänglichen Datenschutz trägt, steht sie sowohl für ein innovatives Umfeld für Unternehmen, als auch für ein vernünftiges und gefordertes Schutzniveau der Verbraucher in der Digitalen Welt in der Verantwortung.[178] Die Notwendigkeit eines funktionierenden Risikomanagements sieht sie allerdings nur mäßig durch den Datenwert getragen. Sicherlich spielt dieser eine besondere Rolle in der Beurteilung der zugrundeliegenden Risiken bei den progressiven Anwendern der Digitalen Welt, nicht so sehr jedoch bei den konservativen Gelegenheitsnutzern, für die sich aber schon bald nach der potentiellen Steigerung ihrer Aktivitäten im zukünftigen digitalen Umfeld Ähnliches abzeichnen könnte. Aus Sicht der BMJV ergibt sich die Notwendigkeit eines Risikomanagements auf Verbraucherseite in diesem Fall vor allem aus einer sehr guten Nachvollziehbarkeit der Vermarktungs- und Verwertungsmechanismen persönlicher Daten und der damit einhergehenden Transparenz auf Unternehmensseite. Daneben sorgt hierfür außerdem das Verlangen nach einem souveränen Umgang mit den Daten aufgrund gesteigerter Kompetenz und der Möglichkeit einen Gegenwert und die Datenlöschung zu verlangen. Insgesamt zeigt sich bei der Gegenüberstellung der beiden Perspektiven, dass das Verlangen nach einem systematischen Risikomanagement größtenteils bestimmt wird durch einen verbesserten Schutz der Verbraucher, die sich bereits innerhalb der Digitalen Welt bewegen und die Dienste oft nur widerwillig nutzen, sowie potentielle Nutzer dazu zu bringen die Vorteile der Digitalen Welt in Anspruch zu nehmen und die Risiken entsprechend bewusst einschätzen

---

[178] Vgl. Barley 2018, S. 3 ff.

zu können. Beides setzt ein grundsätzliches hohes Niveau an Transparenz und Souveränität voraus. Für die BMJV ergibt sich ihre Teilfunktion als Verbraucherschützerin gerade daraus, dass vertrauende Verbraucher, wie die konservativen Gelegenheitsnutzer, zwar aktiv am gesellschaftlichen, und in diesem Fall digitalen Leben, teilnehmen, jedoch nicht in allen Bereichen eine umfassende Bildung vorweisen können, so dass sie auf weiteren Schutz angewiesen sind.[179] Beide Seiten sind interperspektivisch demnach unverzichtbar füreinander.

h) Offliner – Geschäftsführer

Um die Frage nach der Notwendigkeit eines Risikomanagements bei der potentiellen Nutzung der Digitalen Welt aus Verbrauchersicht ökonomisch abschließen zu können, folgen nun noch die beiden ausstehenden detaillierten Vergleiche auf Seiten der Offliner. Aufgrund der zunehmenden Kompliziertheit findet keine direkte Interaktion mit der Digitalen Welt statt, weshalb die Offliner in diesem Zusammenhang als verletzliche Verbraucher betrachtet werden können und ein systematisches Risikomanagement durchaus für die Verminderung der kurz- und langfristigen Risiken sorgen und so zur Teilhabe anregen könnte. Dies würde im Sinne des Geschäftsführers sein, obwohl sich bei dessen Gesamtfazit eine Ablehnung gegenüber einem systematischen Risikomanagement auf Verbraucherseite durchsetzt, und sich somit ein heterogenes Bild im Vergleich zu den Offlinern abzeichnet. Hinsichtlich des Datenwerts benötigen die Offliner aktuell keinen besonderen Schutz durch ein verbessertes Risikomanagement, da von ihnen höchstens Daten in Form von „Schattenprofilen" vorliegen. Ändern würde sich das durch eine potentielle aktive Nutzung, die durch eine verbesserte Transparenz und Souveränität hervorgerufen werden könnte. Der Geschäftsführer dagegen lehnt bereits jetzt schon ein Risikomanagement aufgrund des Datenwertes im Allgemeinen ab, da die vorliegenden Daten der progressiven Anwender und konservativen Gelegenheitsnutzer bereits ausreichen um die wirtschaftlichen Vorteile seines Geschäftsmodells zu realisieren und ein verbesserter Schutz dies mindern könnte. Transparenz und Souveränität dienen den Offlinern in einer durchdigitalisierten Welt als eine Art Türöffner, da erst durch das mögliche Verständnis von Vermarktungs- und Verarbeitungsprozessen eine vorteilhafte Teilhabe möglich wird und es für sie zudem von immenser Bedeutung wäre über die Abgabe ihrer Daten jederzeit verfügen zu können. Im Vergleich dazu besteht für den unter 3.5 betrachteten Geschäftsführer

---

[179] Vgl. DIVSI 2016, S. 85 ff.

genau darin die Gefahr. Gesteigerte Transparenz gepaart mit dem souveränen Umgang auf Seiten der Verbraucher kann beispielsweise durch das Verlangen eines monetären Gegenwertes oder der Löschung und Rückgabe der Daten einen ökonomischen Verlust bedeuten. Zieht man nun allerdings die direkten Wechselwirkungen zwischen den beiden Perspektiven hinzu, ergibt sich ein teilweise differenziertes Bild. Aus Sicht der Offliner erwachsen deren Vorbehalte gegenüber der Digitalen Welt erst durch das Risiko, welches von der Datennutzung der Unternehmen ausgeht, weshalb ein systematisches Risikomanagement bei einer möglichen Nutzung absolut notwendig wäre. Andererseits könnten sie extrem von den Diensten profitieren, da sie aufgrund der Erfahrungen und Lerneffekte der progressiven Anwender und konservativen Gelegenheitsnutzer an deren eingefordertem Schutzniveau partizipieren und grundsätzlich neue Renditemöglichkeiten ausschöpfen könnten. Vergleicht man die beiden Perspektiven isoliert aus der Sicht der Geschäftsführer, wird deutlich, dass die Verbrauchergruppe der Offliner ein extrem hohes Potential besitzt weitere Rendite zu erzielen, da in diesem Fall eine ganz neue, noch nicht aktive Kundengruppe aktiviert werden könnte, sofern man deren Vertrauen erlangen könnte. Daraus bildet sich für die Unternehmen ein erheblicher Trade-Off. Es bleibt dabei zu klären, ob von einem systematischen Risikomanagement eher die Gefahr ausgeht, dass Verbraucher einen höheren Gegenwert für die Abgabe ihrer Daten verlangen bzw. sich zurückziehen oder ob die Erweiterung der Kundengruppe, um die der Offliner, ökonomisch sinnvoller wäre. Denn für deren potentielle Nutzung der Digitalen Welt ist ein systematisches Risikomanagement zur Bewertung der Rendite-Risiko-Teilung in besonderem Ausmaß notwendig.

i) Offliner – BMJV

Ähnlich zu den unter g) betrachteten Ergebnissen ergibt sich auch beim Vergleich der Analyse der Offliner mit der Analyse der vorgestellten BMJV ein relativ harmonisches Bild. Grundsätzlich misst die BMJV im Gegensatz zu den Offlinern der Digitalen Welt einen erheblichen Nutzen bei, was vor allem mit der Möglichkeit begründet wird das Leben aller Verbraucher deutlich zu erleichtern, sofern durch die Zusammenarbeit mit dem BMI die rechtlichen Voraussetzungen geschaffen werden, um das gesamtgesellschaftliche Allgemeinwohl abzusichern.[180] Hinsichtlich der als Offliner bewerteten privaten Haushalte, die an der digitalen Welt nicht partizipieren und sich in diesem Kontext eher als verletzliche Verbraucher darstellen, steht

---

[180] Vgl. CDU/CSU/SPD 2018, S. 5, 37.

der Schutz durch ein nötiges systematisches Risikomanagement für eine rationale Bewertung der Risiko-Rendite-Teilung an oberster Stelle. Dieser Schutz wird nicht etwa durch den Datenwert dieser Verbraucher verlangt, denn der ist aufgrund der fehlenden Teilnahme dieser Gruppe an der Digitalen Welt relativ gering und nur durch „Schattenprofile" gegeben, vielmehr gründet dieses Verlangen auf einer steigenden Transparenz und Souveränität. In diesen beiden Punkten zeichnet sich bei beiden Perspektiven ein sehr ähnliches Bild ab. So liegt es auch im Interesse der BMJV, vor allem im Hinblick auf ihre verbraucherpolitische Verantwortung, gerade die derzeitigen Offliner in den Zustand zu versetzen die potentiellen Renditen der Digitalen Welt für sich nutzen zu können, was durch bessere Kenntnisse, Kompetenzen und die Möglichkeit zur Steuerung ihrer Datenverwendung ermöglicht werden soll. Für die abseitsstehenden Offliner ergibt sich aus der Beziehung zur BMJV wiederum erst die Chance die Vorteile der Digitalen Welt für sich zu nutzen und auf der anderen Seite akkurat vor den potentiellen Risiken geschützt zu werden.[181] Hier liegt aber gerade die Brisanz, denn durch den benötigten Schutz auf Seiten der Offliner könnte dies in Verbindung mit einem gesetzlich gesteigerten Schutzniveau dazu führen, dass progressive Anwender und konservative Gelegenheitsnutzer Rendite einbüßen, sofern es zur rechtlichen Überregulierung innerhalb der Digitalen Welt kommt. Da sich die privaten Haushalte im Umgang mit der Digitalen Welt zu sehr differenzieren, wird es schließlich kein Patentrezept zur Regulierung geben. Was für die Offliner nötig wäre, könnte den übrigen Verbrauchern hinderlich sein und deren souveränen Umgang mit digitalen Medien einschränken. Daher bleibt festzuhalten, dass sich die Notwendigkeit eines systematischen Risikomanagements auf Seiten der privaten Haushalte für beide Perspektiven ergibt, wobei diesbezüglich von Seiten der BMJV nur ein Mindestschutz garantiert werden kann, da, wie auch in anderen Lebensbereichen, ein gewisses Maß an Selbstbestimmung von allen privaten Haushalten eingefordert werden kann.

j) Geschäftsführer – BMJV

Innerhalb dieses Vergleichs sollen nun die perspektivengetriebenen Analyseergebnisse der wirtschaftlichen und politischen Perspektiven gegenübergestellt werden. Aus den Einzelanalysen des Geschäftsführers und der BMJV ergibt sich ein relativ konträres Bild. Während sich beide Perspektiven einig darüber sind, dass die Digitale Welt sowohl zu wirtschaftlichen, als auch zu gesamtgesellschaftlichen und

---

[181] Vgl. DIVSI 2016, S. 85 ff.

politischen Fortschritten führen kann und daher beide eine generell offene Einstellung diesbezüglich aufweisen, lehnt der untersuchte Geschäftsführer, stellvertretend für die Unternehmen, deren Geschäftsmodelle auf Datensammlung und -verarbeitung basieren, ein Risikomanagement auf Verbraucherseite strikt ab. Die BMJV ist wie die Unternehmer auch, prinzipiell an einem hohen Datenwert interessiert, um optimale Analysemöglichkeiten für die Unternehmen zu ermöglichen, allerdings mit einem gewissen Maß an Verbraucherschutz. Was die Transparenz betrifft überwiegen für den Geschäftsführer die Risiken aus dem dargestellten möglichen Reputationsschaden und nicht die von der BMJV genannte Möglichkeit eines Wettbewerbsvorteils durch eine erzeugte vertrauende Einstellung der privaten Haushalte. Den größten Widerspruch gibt es im Hinblick auf die Souveränität im Umgang mit Kundendaten, denn für die Unternehmer könnte das bedeuten, dass Nutzer zukünftig einen höheren Gegenwert für ihre Datenpreisgabe verlangen oder eben die Herausgabe der Daten und eine darauffolgende Löschung, die eine weitere Verwendung unmöglich machen würde. Insgesamt lässt sich die Beziehung zwischen Geschäftsführer und BMJV als sehr kontrovers beschreiben. Zum einen können sich für den Geschäftsführer durch bestimmte rechtliche Rahmenbedingungen vom Seiten der BMJV neue Chancen und Geschäftsfelder ergeben, zum anderen aber auch erhebliche Risiken, durch Bestimmungen, die die Sammlung, Verwertung und Analyse von freigegebenen Daten erschweren, beschränken oder teilweise sogar verbieten. Hohe datenschutzrechtliche Standards, die den privaten Haushalten gegenüber datenverwertenden Unternehmen zu Gute kommen, können beispielsweise Unternehmen dazu treiben ihr Geschäft dorthin zu verlagern, wo das Datenschutzniveau geringer ist, wenngleich dies mit einem überregionalen Schutzniveau, wie es beispielsweise EU-weit durch die Umsetzung der EU-DSGVO durchgesetzt wurde, verhindert werden soll. Andererseits soll es mit Blick auf innovativen Fortschritt gerade für die Unternehmen aus der Technik-Branche attraktiv sein ihre Geschäfte in das eigene Land zu verlagern bzw. den bestehenden unternehmerischen Tätigkeiten ermöglicht werden international wettbewerbsfähig zu agieren, wenn nicht sogar für Standortvorteile zu sorgen, was gerade im Hinblick auf das Zusammenwirken von privaten Haushalten, Unternehmen und den verbraucherpolitischen Verantwortlichen im Bereich der Digitalen Welt von besonderer Brisanz geprägt wird. Die Notwendigkeit für ein systematisches Risikomanagement sieht die BMJV zwar gegeben, erkennt aus den zuvor genannten Gründen und Abhängigkeiten aber auch die Ablehnung der Unternehmen gegenüber solchen systematischen Rendite-Risiko-Einschätzungen auf Verbraucherseite.

Die Gegenüberstellung der einzelnen Perspektiven und die Diskussion der vorliegenden harmonischen und heterogenen Beziehungen untereinander machen deutlich, dass die Beurteilungen aus den unabhängigen Einzelbetrachtungen aus 3.2 bis 3.6 im Zusammenwirken teilweise nicht vollends gehalten werden können. Vergegenwärtigt man sich demzufolge die dargelegten unterschiedlichen Wechselwirkungen zwischen den Perspektiven, können Aspekte der perspektivischen Betrachtungen im Zusammenwirken mit anderen Individuen teilweise eine andere Ausrichtung erhalten.

4 Schlussbemerkung und Ausblick

Zu Beginn des grundlegenden Kapitels konnte zunächst Aufschluss darüber gegeben werden inwiefern die Digitalisierungswelle und eine global immer stärker vernetzte Welt aufgrund etlicher Verzerrungen hinsichtlich der Datensouveränität auf Seiten privater Haushalte ein bestimmtes Risikopotential für diese mit sich bringt. In Verbindung mit der Vorstellung des Risikomanagement-Konzepts und dem Blick auf die aktuell geltende Rechtslage der Digitalen Welt konnte zudem vergegenwärtigt werden, wie die ansteigenden digitalen Aktivitäten der privaten Haushalte die Frage nach individueller Sicherheit aufgrund steigender Komplexität auf eine neue Stufe heben.[182] Da eine konsistente und allumfassende Beantwortung der Forschungsfrage unter Berücksichtigung der dargelegten Erkenntnisse und des unterschiedlich ausgeprägten Risikopotentials schwierig erscheint, wurde im Hauptteil dieser Arbeit die Notwendigkeit eines Risikomanagements privater Haushalte bei der potentiellen Nutzung der Digitalen Welt entlang unterschiedlicher Perspektiven untersucht. Demnach sorgt vor allem ein durch Transparenz und individuelle Datenhoheit gesteigertes Vertrauen sowie die Stärkung der digitalen Kompetenzen der Verbraucher für eine Verbesserung ihrer Rendite-Risiko-Position innerhalb der Digitalen Welt. Private Haushalte benötigen daher ein Risikomanagement zur Bewältigung aufkommender Risiken, wobei das Verlangen je nach individuellem Datenwert und Datensouveränität sowie der Transparenz im digitalen Kontext weniger stark oder stärker ausgeprägt sein kann. Demgegenüber sehen die datenverarbeitenden Unternehmen keinen Anlass dafür gegeben, da sie befürchten auf diese Weise Rendite abgeben zu müssen bzw. zu verlieren. Wenngleich die Sichtweisen der Perspektiven sehr subjektiv geprägt sind und sich in Realität noch differenzierter einordnen lassen, wird nach Analyse der Wechselwirkungen am Ende der Arbeit ein Zielkonflikt deutlich. Einerseits könnte der Datenschutz allgemein gelockert werden, um ökonomische Interessen zu wahren, andererseits könnte das Schutzniveaus der einzelnen privaten Haushalte so stark angehoben werden, dass deren unterschiedliche Interessen ganz individuell geschützt werden können.[183] Exakt in dieser individuellen Ausgestaltung liegt für den Gesetzgeber die Schwierigkeit, da jede verallgemeinernde rechtliche Maßnahme zum Schutz der Ver-

---

[182] Vgl. OECD 2016, S. 15.
[183] Vgl. Jöns 2017, S. 13.

59

braucher die Rendite- oder Risikoposition einzelner privater Haushalte negativ beeinflusst.[184]

---

[184] Vgl. Barley 2018, S. 5.

Literaturverzeichnis

Acquisti, A./Brandimarte, L./Loewenstein, G. (2015), Review: Privacy and human behavior in the age of information, in: *Science*, Vol. 347, No. 6221, 509-514

Acquisti, A./Gross, R. (2006), Imagined Communities: Awareness, Information Sharing, and Privacy on the Facebook, in: Danezis, G./Golle, P. (Hrsg.), Privacy Enhancing Technologies, Springer, Berlin, 36-58

Acquisti, A./Grossklags, J. (2005), Privacy and Rationality in Individual Decision Mak-ing, in: *IEEE Security & Privacy*, Vol. 3, No.1, 26-33

Acquisti, A./Grossklags, J. (2007), When 25 Cents is too much: An Experiment on Willingness-To-Sell and Willingness-To-Protect Personal Information, Proceedings of Workshop on the Economics of Information Security, in: *WEIS*

Acquisti, A./John, L. K./Loewenstein, G. (2012), The Impact of Relative Standards on the Propensity to Disclose, in: *Journal of Marketing Research*, Vol. 49, No. 2, 160-174

Acquisti, A./John, L. K./Loewenstein, G. (2013), What Is Privacy Worth?, in: *The Jour-nal of Legal Studies*, Vol. 42, No. 2, 249-274

Alchian, A. A./Demsetz, H. (1972), Production, information costs, and economic organization, in: *The American economic review*, Vol. 62, No. 5, 777-795

Barley, K. (2018), Wir brauchen ein Transparenzgebot für Algorithmen – die Sicherheit von Daten kann ein Standortvorteil sein, in: *ifo Schnelldienst*, 71. Jhg., Nr. 10, 3-5.

Bitkom (2015), Datenschutz in der digitalen Welt, 22.09.2015, abgerufen am 14.09.2018, https://www.bitkom.org/Presse/Anhaenge-an-PIs/2015/09-September/Bitkom-Charts-PK-Datenschutz-22092015-final.pdf

Bitz, M. (1993), Grundlagen des finanzwirtschaftlich orientierten Risikomanagements; in: Gebhardt, G. /Gerke, W./Steiner, M. (Hrsg.), Handbuch des Finanzmanagements, C. H. Beck, München, 641-668

BMWi, BMAS, BMJV (2017), Digitalpolitik für Wirtschaft, Arbeit und Verbraucher - Trends - Chancen - Herausforderungen, Hirschen Group, Berlin

Bundesministerium für Wirtschaft und Energie (2015), Impulse für die Digitalisierung der deutschen Wirtschaft - Digitale Agenda des BMWi, Hirschen Group, Berlin

Bundesministerium für Wirtschaft und Energie (2017), Global. Innovativ. Fair - Wir machen Zukunft digital., Hirschen Group, Berlin

Buxmann, P. (2015), Der Wert von Daten und Privatsphäre – empirische Ergebnisse aus Anwender- und Anbietersicht, in: *Wirtschaftsdienst:* 95. Jg, Heft 12, 810-814

Buxmann, P. (2018), Der Preis des Kostenlosen - Das Spannungsfeld zwischen dem Wert von Daten und der Privatsphäre von Nutzern, in: *ifo Schnelldienst*, 71. Jg., Nr. 10, 18-21

Bründl, S./Matt, C./Hess, T. (2015), Forschungsbericht - Wertschöpfung in Datenmärkten, in: Zoche, P./Ammicht Quinn, R./Hansen, M./Heesen, J./Hess, T./Lamla, J./Matt, C./Roßnagel, A./Trepte, S./Waidner, M. (Hrsg.), Forum Privatheit und selbstbestimmtes Leben in der digitalen Welt, Stober, Eggenstein

CDU/CSU/SPD (2018), Ein neuer Aufbruch für Europa. Eine neue Dynamik für Deutschland. Ein neuer Zusammenhalt für unser Land, Koalitionsvertrag zwischen CDU, CSU und SPD, Berlin

Demsetz, H. (1967), Toward a theory of property rights, in: *The American Economic Review,* Vol. 57, No. 2, 347-359

Deutsches Institut für vertrauen und Sicherheit im Internet (DIVSI) (2016), DIVSI Internet-Milieus 2016, Die digitalisierte Gesellschaft in Bewegung, 1. Auflage, o.O.

Dewenter, R. (2016), Digitale Ökonomie: Herausforderungen für die Wettbewerbspolitik, in: *Wirtschaftsdienst*, 96. Jg., Nr. 4, 236-239

Dewenter, R. (2018), Welche Regulierung datenbasierter Plattformen ist tatsächlich notwendig?, in: *ifo Schnelldienst*, 71. Jg., Nr. 10, 9-11

Dewenter, R./ Lüth, H. (2016), Big Data aus wettbewerblicher Sicht, in: *Wirtschaftsdienst*, 96. Jg., Nr. 9, 648-654

Eling, N. (2017), Der Wert von Nutzerinformationen aus Anbieter- und Nutzerperspektive, Springer Gabler, Wiesbaden

Engels, B./Grundwald, M. (2017), Das Privacy Paradoxon: Digitalisierung versus Privatsphäre, in: *IW Analysen*, Jg. 2017, No. 57

Enste, D./Ewers, M./ Heldman, C./Schneider, R. (2016), Verbraucherschutz und Verhaltensökonomik: Zur Psychologie von Vertrauen und Kontrolle, in: *IW-Analysen*, Jg. 2016, No. 106

Europäische Kommission (2018), Index für die digitale Wirtschaft und Gesellschaft 2018, Länderbericht Deutschland (DESI), ohne Datum, abgerufen am 14.09.2018, http://ec.europa.eu/information_society/newsroom/image/document/2018-20/de-desi2018-country-profile-lang_4AA4161A-F5E2-FA20-ECB6B9ECE8AEC6C1_52332.pdf

Facebook Inc. (2018a): Facebook Annual Report 2017, 29.01.2018, abgerufen am 14.09.2018 https://s21.q4cdn.com/399680738/files/doc_financials/annual_reports/FB_AR_2017_FINAL.pdf

Facebook Inc. (2018b): Facebook Reports Fourth Quarter and Full Year 2017 Results, 31.01.2019, abgerufen am 14.09.2018, https://s21.q4cdn.com/399680738/files/doc_news/Facebook-Reports-Fourth-Quarter-and-Full-Year-2017-Results.pdf

Feld, L. P./Fuest, C./Haucap, J./Schweitzer, H./Wieland, V./Wigger, B. U. (2017), Neue Diskriminierungsverbote für die digitale Welt?, in: Kronberger Kreis-Studien, Stiftung Marktwirtschaft (Hrsg.), Nr. 63, Berlin

Forbes Magazine (2018), The World's Largest Public Companies List, 06.06 2018, abgerufen am 04.09.2018, https://www.forbes.com/global2000/list/#header:marketValue_sortreverse:true

Gigerenzer, G./Schlegel-Matthies, K./Wagner G. G. (2016), Digitale Welt und Gesundheit. eHealth und mHealth – Chancen und Risiken der Digitalisierung im Gesundheitsbereich, Januar 2016, abgerufen am: 13.09.2017, http://www.svr-verbraucherfragen.de/dokumente/digitale-welt-und-gesundheit-ehealth-und-mhealth-chancen-und-risiken-der-digitalisierung-im-gesundheitsbereich/

Gleißner, W. (2011), Grundlagen des Risikomanagements im Unternehmen - Controlling, Unternehmensstrategie und wertorientiertes Management, Vahlen, 2. Auflage, München

Haucap, J. (2018), Daten als Wettbewerbsfaktor, in: *Wirtschaftsdienst,* 98. Jg., Nr. 7, 472-477

Hosseini, H./Schmidt, H. (2018), Daten als Geschäftsmodell: Wie mit der Macht der digitalen Ökonomie umgehen?, in: *ifo Schnelldienst*, 71. Jg., Nr. 10, 15-17

Initiative D21 (2018), D21-Digital-Index 2017/2018 - Jährliches Lagebild zur Digitalen Gesellschaft, Stoba-Druck, Berlin

Jensen, M. C./Meckling, W. H. (1976), Theory oft he Firm: Managerial Behaviour, Agencs Costs and Ownership Structure; in: *Journal of Finance Economics*, 3, 305-360

Jentzsch, N. (2014), Monetarisierung der Privatsphäre: Welchen Preis haben persönliche Daten?, in: *DIW Wochenbericht*, Jg. 2014, No. 34, 793-799

Jentzsch, N. (2016), Kreditwürdigkeitsanalysen im Zeitalter von Big Data: Innovation oder Revolution?, in: *Wirtschaftsdienst*, 96. Jg., Nr. 9, 648-654

Jöns, J. (2016), Daten als Handelsware, 17.03.2016, abgerufen am 12.09.2018, https://www.divsi.de/wp-content/uploads/2016/03/Daten-als-Handelsware.pdf

Jungermann, H./Slovic, P. (1993), Charakteristika individueller Risikowahrnehmung in: Bayrische Rück (Hrsg.), Risiko ist ein Konstrukt. Reihe Gesellschaft und Unsicherheit, Knesebeck, München, Band 2, 89-107

Kahneman, D./Tversky, A. (1979), Prospect theory: An analysis of Decision under Risk, in: *Econometrica*, Vol. 47, No. 2, 263-292

Kenning, P. (2017), Verbraucherwissenschaften - Begriffliche Grundlagen und Status-Quo; in: Kenning, P./Oehler, A./Reisch, L. A./Grugel, C. (Hrsg.), Verbraucherwissenschaften. Rahmenbedingungen, Forschungsfelder und Institutionen, 1. Auflage, Springer, Wiesbaden, 3-18

Kerber, W. (2016), Digital markets, data, and privacy: competition law, consumer law and data protection, in: *Journal of Intellectual Property Law & Practice*, Vol. 11, No. 11, 856-866

Kosinski, M./Stillwell, S./Graepel, T. (2013), Private traits and attributes are predictable from digital records of human behavior, in: PNAS, Vol. 110, No. 15, 5802-5805

KPMG (2017), Mit Daten Werte schaffen – Studie 2017, 30.05.2017, abgerufen am 12.09.2018, https://home.kpmg.com/de/de/home/themen/2017/05/mit-daten-werte-schaffen---studie-2017.html

Krämer, J. (2016), Herausforderungen bei der Bestimmung von Marktmacht in digitalen Märkten, in: *Wirtschaftsdienst*, 96. Jg., Nr. 4, 231-233

Krämer, J. (2018), Datenschutz 2.0 – ökonomische Auswirkungen von Datenportabiliät im Zeitalter des Datenkapitalismus, in: *Wirtschaftsdienst*, 98. Jg., Nr. 7, 466-469

Kretschmer, T. (2018), Innovation und Datenschutz - von datenbasierten Geschäftsmodellen und deren Chancen und Gefahren, in: *Wirtschaftsdienst*, 98. Jg., Nr. 7, 459-462

Lange, J./Stahl, F./Vossen, G. (2016), Datenmarktplätze in verschiedenen Forschungsdisziplinen: Eine Übersicht. in: *Informatik Spektrum*, 1-11

Lehner, R. (2018), Digitalisierung: Eine unermessliche Chance, in: *ifo Schnelldienst*, 71. Jg, Nr. 13, 12-13

Loyalty Partner GmbH (2018a), Daten und Fakten, ohne Datum, abgerufen am 14.09.2018, https://www.loyaltypartner.com/de/unternehmen/daten-und-fakten/

Loyalty Partner GmbH (2018b), Geschichte, ohne Datum, abgerufen am 14.09.2018, https://www.loyaltypartner.com/de/unternehmen/geschichte/

Micklitz, H.-W./Oehler, A. (2006), Stellungnahme des wissenschaftlichen Beirates zum Komplex Verbraucherpolitik in der digitalen Welt, Berlin

Micklitz, H.-W./Oehler, A./Piorskowsky, M.-B./Reisch, L. A./Strünck, C. (2010), Der vertrauende, der verletzliche oder der verantwortungsvolle Verbraucher? – Plädoyer für eine differenzierte Strategie in der Verbraucherpolitik, *Stellungnahme des Wissenschaftlichen Beirats Verbraucher- und Ernährungspolitik beim BMELV,* Dezember 2010

Microsoft Corporation (2016), Microsoft to acquire LinkedIn, *Microsoft News Center*, 13.06.2016, abgerufen am 13.09.2018, https://news.microsoft.com/2016/06/13/microsoft-to-acquire-linkedin/

Müller, S. C./Welpe, I. M. (2017), Digitale Welt; in: Kenning, P./Oehler, A./Reisch, L. A./Grugel, C. (Hrsg.), Verbraucherwissenschaften. Rahmenbedingungen, Forschungsfelder und Institutionen, 1. Auflage, Springer, Wiesbaden, 261-278

OECD (2013), Exploring the Economics of Personal Data: A Survey of Methodologies for Measuring Monetary Value, in: *OECD Digital Economy Papers,* No. 220, 1-39

OECD (2016), Managing Digital Security And Privacy Risk, in: *OECD Digital Economy Papers,* No. 254, 1-39

OECD (2017), OECD Digital Economy Outlook 2017, OECD Publishing, Paris

Oehler, A. (2002), Behavioral Finance, verhaltenswissenschaftliche Finanzmarktforschung und Portfoliomanagement; in: Kleeberg, J. M./Rehkugler, H. (Hrsg.), Handbuch Portfoliomanagement. Strukturierte Ansätze für ein modernes Wertpapiermanagement, 2. Auflage, Uhlenbruch, Bad Soden/Ts., 843-870

Oehler, A., (2013), Neue alte Verbraucherleitbilder: Basis für die Verbraucherbildung?, Vortrag, HaBiFo-Jahrestagung Ethik – Konsum – Verbraucherbildung, Paderborn, Februar 2013; in: HiBiFo, *Haushalt in Bildung und Forschung,* 2013, No. 2, 44-60

Oehler, A. (2015), Alles digital? Innovative Geschäftsmodelle im digitalen Zahlungsverkehr und Verbraucherpolitik, in: *Wirtschaftsdienst,* 95. Jg, Nr. 12, 817-821

Oehler, A. (2016a), Chancen der selbstbestimmten Datennutzung?!, in: *Wirtschaftsdienst:* 96. Jg, Heft 11, 830-832

Oehler, A. (2016b), Digitale Welt und Finanzen. Zahlungsdienste und Finanzberatung unter einer Digitalen Agenda, Januar 2016, abgerufen am: 13.09.2018, http://www.svr-verbraucherfragen.de/dokumente/digitale-welt-und-finanzen-zahlungsdienste-und-finanzberatung-unter-einer-digitalen-agenda/

Oehler, A. (2017a), Der technologische Wandel: Herausforderungen in der Digitalen Welt; in: Kenning, P./Oehler, A./Reisch, L. A./Grugel, C. (Hrsg.), Verbraucherwissenschaften. Rahmenbedingungen, Forschungsfelder und Institutionen, 1. Auflage, Springer, Wiesbaden, 69-80

Oehler, A. (2017b), Grundsätze ordnungsgemäßer Bewertung durch Scoring, in: *Wirtschaftsdienst,* 97. Jg., Nr. 10, 748-751

Oehler, A./Horn, M. (2018), Zur ungleichen ökonomischen Verteilung bei der Datennutzung oder: keine soziale Marktwirtschaft in der digitalen Welt!, in: *Wirtschaftsdienst,* 98. Jg., Nr. 7, 469-472

Oehler, A./Horn, M./Wendt, S. (2016), Digitale Zahlungsdienste: Chinese Walls 2.0 oder Trennung?, in: *DIVSI-Magazin*, 5. Jg., Nr. 2, 23-25

Oehler, A./Unser, M. (2002), Finanzwirtschaftliches Risikomanagement, Springer, 2. Auflage, Berlin

Oehler, A./Wedlich, F. (2018), The relationship of Extraversion and Neuroticism with Risk Attitude, Risk Perception and Return Expectations, in: *Journal of Neuroscience, Psychology and Economics*, Vol. 11, No. 2, 63-92.

Palmetshofer, A./Semsrott, A./Alberst, A. (2017), Der Wert persönlicher Daten Ist Datenhandel der bessere Datenschutz?, Juni 2017, abgerufen am: 14.09.2017, http://www.svr-verbraucherfragen.de/wp-content/uploads/Open_Knowledge_Foundation_Studie.pdf

Payback (2018), Daten & Fakten, *Payback Presse,* ohne Datum, abgerufen am 14.09.2018, https://www.payback.net/ueber-payback/daten-fakten/

Reisch, L./Büchel, D./Gigerenzer, G./Zander-Hayat, H./Joost, G./Micklitz, H.-W./Oehler, A./Schlegel-Matthies, K./Wagner, G. G. (2017), Digitale Souveränität, Gutachten des Sachverständigenrats für Verbraucherfragen, Berlin 2017.

Ruckriegel, K. (2009), Der Homo oeconomicus – Ein realitätsfernes Konstrukt; in: Orientierung zur Wirtschafts- und Gesellschaftspolitik, Band 120 (2/2009), Bonn, 49-55

Schleusener, M./Hosell, S. (2016), Expertise zum Thema Personalisierte Preisdifferenzierung im Online-Handel, Januar 2016, abgerufen am: 13.09.2018, http://www.svr-verbraucherfragen.de/dokumente/digitale-welt-und-handel-verbraucher-im-personalisierten-online-handel/expertise-zum-thema-personalisierte-preisdifferenzierung-im-online-handel/

Schmechel, P. (2016), Verbraucherdatenschutzrecht in der EU-Datenschutz-Grundverordnung, Dezember 2016, abgerufen am: 13.09.2018, http://www.svr-verbraucherfragen.de/dokumente/verbraucherdatenschutzrecht-in-der-eu-datenschutz-grundverordnung/

Sordello, S. (2016), LinkedIn's Q1 2016 Earnings, *LinkedIn Official Blog*, 28.04.2016, abgerufen am 13.09.2018, Slide 4, https://blog.linkedin.com/2016/04/28/linkedin_s-q1-2016-earnings

Spiekermann, S./Grossklags, J./Berendt, B. (2001), E-privacy in 2nd Generation E-Commerce: Privacy Preferences versus actual Behavior, in: *Proceedings of the 3rd ACM conference on Electronic Commerce*, 38-47

Statistisches Bundesamt (2016), Wirtschaftsrechnungen - Private Haushalte in der Informationsgesellschaft - Nutzung von Informations- und Kommunikationstechnologien, Fachserie 15 Reihe 4, Wiesbaden

Tagesschau (2014): Facebook übernimmt WhatsApp, 20.02.2014, abgerufen am 14.09.2018, https://www.tagesschau.de/wirtschaft/facebook460.html

Thaler, R. (1980), Toward a positive theory of consumer choice, in: *Journal of Economic Behavior and Organization*, 1, 39-60

Theisen, F. (2015), Der digitale Kunde will begeistert werden, in: *Wirtschaftsdienst:* 95. Jg., Heft 12, 814-817

Wagner, A./Wessels, N./Buxmann, P./Krasnova, H. (2018), Putting a Price Tag on Personal Information – A Literature Review, in: *Proceedings of the 51st Hawaii International Conference on System Sciences*, 3760-3769

Wambach, A. (2018), Wettbewerbsregeln an die Digitalökonomie anpassen, in: *ifo Schnelldienst*, 71. Jg., Nr. 10, 6-8

Weis, R./Lucks, S./Grassmuck, V. (2017), Technologien für und wider Digitale Souveränität, Juni 2017, abgerufen am: 13.09.2018, http://www.svr-verbraucherfragen.de/dokumente/technologien-fuer-und-wider-digitale-souveraenitaet/

Welge, M. K./Eulerich M. (2014), Coporate-Governance-Management: Theorie und Praxis der guten Unternehmensführung, Springer Gabler, 2. Auflage, Wiesbaden

Wiewiorra, L. (2018), Transparenz und Kontrolle in der Datenökonomie, in: *Wirtschaftsdienst*, 98. Jg., Nr. 7, 463-466

Verzeichnis verwendeter Gesetzestexte

Bundesgerichtshof (2013), Urteil in dem Rechtsstreit III ZR 98/12, *Pressemitteilung Nr. 14/2013*

Datenschutz-Grundverordnung (2016), Verordnung (EU) 2016/679 des Europäischen Parlaments und des Rates vom 27. April 2016, in: *Amtsblatt der Europäischen Union*, L 119.

Europäische Kommission (2017), Zusammenfassung des Beschlusses der Kommission vom 27. Juni 2017 zum Fall AT.39740 - Google Search (Shopping), *Pressemitteilung IP/17/1784*

Europäische Menschenrechtskonvention (EMRK) (1950), in der Fassung vom 03.05.2002, zuletzt geändert durch die Protokolle Nr. 11 und 14 am 01.06.2010

Europäische Union (2012), Vertrag über die Arbeitsweise der europäischen Union (konsolidierte Fassung) vom 26. Oktober 2012, in: *Amtsblatt der Europäischen Union*, C 326

Gesetz gegen den unlauteren Wettbewerb (UWG) (2010), in der Fassung der Bekanntmachung vom 3. März 2010 vom 3. März 2010 (BGBl. I S. 254), das zuletzt durch Artikel 4 des Gesetzes vom 17. Februar 2016 (BGBl. I S. 233) geändert worden ist

Grundgesetz für die Bundesrepublik Deutschland (GG) (1949), in der Fassung vom der Bekanntmachung vom 23. Mai 2949 (BGBl. S.1), das zuletzt durch Artikel 1 des Gesetzes vom 13. Juli 2017 (BGBl. I S. 2347) geändert worden ist

Gesetz gegen Wettbewerbsbeschränkungen (GWB) (2013), in der Fassung der Bekanntmachung vom 26. Juni 2013 (BGBl. I S. 1750, 3245), das zuletzt durch Artikel 10 des Gesetzes vom 12. Juli 2018 (BGBl. I S. 1151) geändert worden ist

Vereinte Nationen (1948), Allgemeine Erklärung der Menschenrechte, in der Fassung vom 10.12.1948, A/RES/712 A (III)